왜
십자군은
예루살렘으로
떠났을까?

교과서 속 역사 이야기, 법정에 서다

20
역사공화국
세계사법정

왜 알렉시우스 1세 VS 고드프루아

십자군은
예루살렘으로
떠났을까?

글 김차규 · 그림 박상철

㈜자음과모음

십자군 전쟁은 1095년부터 1270년까지 크리스트교를 믿었던 중세 서유럽의 국가들이 성지 예루살렘을 되찾고자 이슬람교도들과 벌인 대규모의 군사 원정을 말합니다. 십자군 전쟁은 모두 8차례 일어났는데요. 십자군 원정 기간 동안 십자군 측이 예루살렘을 확보한 기간은 1099년부터 1187년과 1229년부터 1244년뿐이며, 십자군 원정 이후 예루살렘은 다시 이슬람의 지배를 받게 되었습니다.

십자군 전쟁이 일어난 원인으로는 셀주크 튀르크가 크리스트교인의 성지인 예루살렘을 정복하고 신자들의 성지 순례를 막은 점을 들 수 있습니다. 셀주크 튀르크가 예루살렘을 정복하자 당시 비잔티움 제국의 황제 알렉시우스 1세는 로마의 교황인 우르바누스 2세에게 도움을 요청했습니다. 이리하여 그 유명한 십자군이 출병하게 되었지요. 하지만 성지 회복은 겉으로 내세우는 구실에 지나지 않았고 실제로는 동방 정교회를 로마 가톨릭의 관할권 아래 통합하여 교황권을 확대하려던 로마 교황의 의도가 컸습니다.

그뿐만 아니라 경제적인 이유도 있었는데요. 당시 서유럽에서는 영주의 장남을 제외한 아들들은 재산을 상속받지 못했기 때문에 보물을 얻을 수 있는 미지의 땅에 대한 욕구가 강했답니다. 또한 당시 인구와 생산성, 그리고 부(富)가 모두 급속도로 증대되면서, 도시 상인들이 국가에게 시장 개척을 요구하기 시작했지요. 이처럼 십자군 원정은 종교적인 측면과 경제적인 측면, 그리고 서유럽 각계각층의 여러 이해관계가 얽혀 일어난 것입니다.

십자군 전쟁의 결과는 다음과 같습니다. 이슬람 세계와 대항하면서 서구의 공동체 의식은 강화되었지만, 십자군 원정이 실패하면서 교황권이 크게 실추되었고 상대적으로 각 지역의 왕권이 크게 높아졌습니다. 병든 순례자를 돕고 이교도들로부터 성지를 보호하는 성전 기사단도 출현하게 되었고요. 한편 십자군 전쟁으로 약탈한 유물과 서적들은 훗날 근대 르네상스 운동에 영향을 주었으며, 서구 중세 사회가 근대로 넘어가는 계기가 되었습니다.

이 책은 비잔티움 제국의 황제인 알렉시우스 1세가 고드프루아를 고소하는 것으로 시작됩니다. 당시 고드프루아는 1차 십자군의 지휘관으로서 예루살렘을 공격하여 되찾은 후, 비잔티움 제국에 돌려주지 않고 예루살렘 왕국을 세워 군주에 선출되었답니다. 이에 화가 난 알렉시우스 1세는 급기야 역사공화국 세계사법정에 소장을 내게 된 것이지요. 자, 과연 고드프루아는 어떻게 자신을 항변할까요? 두 인물의 치열한 법정 공방을 지켜보면서, 여러분도 나름대로 판결을 내려 보시기 바랍니다.

김차규

서아시아 지역을 차지한 셀주크 튀르크는 이슬람 세력으로, 11세기 무렵 크리스트교의 성지인 예루살렘을 차지하고 순례자들을 통제했다. 이에 비잔티움 제국의 황제는 로마 교황에게 도움을 요청했고, 로마 교황은 십자군의 파견을 주장하게 된다. 이렇게 1096년에 십자군 전쟁이 시작되었다. 십자군 전쟁은 여러 차례에 걸쳐 이루어졌으나 결국 실패로 끝나고 말았다. 십자군 전쟁이 실패로 끝나자 전쟁을 주도한 교황의 권위는 크게 떨어졌다. 반면 왕권이 강화되어 상공업자들을 지원하며 중앙 집권적인 통일 국가가 성장할 수 있는 배경이 마련되었다.

| 중학교 | 역사 | VIII. 지역세계의 형성과 발전
　4. 중세 유럽 세계의 형성과 발전
　　(4) 유럽 사회에 일어나는 변화 |
| | | IX. 전통사회의 발전과 변모
　2. 이슬람 세계의 확대
　　(1) 세 대륙을 아우른 오스만 제국
　3. 유럽 사회의 발전
　　(1) 르네상스와 종교 개혁 |

십자군 전쟁 이후 14세기 무렵, 지중해 무역이 발달하면서 이탈리아의 피렌체, 베네치아 등이 성장하였다. 그리고 고대 그리스 · 로마 문화에 대한 연구가 활발해지고, 인간 중심적인 예술과 학문이 발달하였다. 이것을 '르네상스'라고 부른다. 뿐만 아니라 십자군 전쟁의 실패로 교황의 권위가 약화되는 가운데 교회의 부패에 대한 비판도 커져 갔다.

중앙아시아의 유목 민족으로 이슬람교를 받아들인 셀주크 튀르크는 크게 세력을 떨쳤다. 셀주크 튀르크는 예루살렘을 장악하고 비잔티움 제국과 충돌을 빚었다. 결국 이 충돌은 십자군 전쟁이 시작되었다.

11세기 중엽 비잔티움 제국은 위기를 맞고 있었다. 셀주크 튀르크가 세력을 확대하며 압박을 가해왔기 때문이다. 로마 교황에게 도움을 요청하자 교황 우르바누스 2세는 십자군을 파견하기에 이른다. 200여 년 동안 여덟 차례나 계속된 십자군 전쟁은 목적을 달성하지 못하고 끝나고 말았다.

고등학교 세계사 IV. 지역 경제의 성장과 교류의 확대
3. 중세 유럽 세계의 성장과 쇠퇴
(1) 십자군 전쟁과 유럽 세계의 변화

막대한 전쟁 비용과 병력 동원은 물론, 이슬람교도와 유대인 등 무고한 양민의 학살 등으로 교황의 권위는 떨어졌다. 전쟁에 참가했던 봉건 제후와 기사의 죽음으로 제후와 기사의 세력도 약해졌다. 상대적으로 왕권은 강화될 수 있었다.

1048년	셀주크, 소아시아 공격 시작
1071년	만지케르트 전투
1095년	알렉시우스 1세, 교황 우르바누스 2세에게 십자군 요청
1096년	1차 십자군 원정대 출발
1097년	십자군, 니케아 정복
1098년	십자군, 안티오키아 정복
1099년	십자군, 예루살렘 정복
1100년	보두앵, 예루살렘 왕국 최초의 왕이 됨
1147년	2차 십자군 원정
1174년	살라딘, 다마스쿠스 장악
1183년	살라딘, 이집트와 시리아 통치
1189년	3차 십자군 원정
1202년	4차 십자군 원정
1204년	십자군, 콘스탄티노플 장악
1218년	5차 십자군 원정
1228년	6차 십자군 원정
1248년	7차 십자군 원정
1270년	8차 십자군 원정

918년	왕건, 고려 건국
958년	과거 제도 실시
1055년	최충, 사학을 일으킴
1128년	이자겸의 난
1135년	묘청의 난
1145년	김부식, 『삼국사기』 편찬
1170년	정중부의 난
1174년	조위총의 난
1176년	망이·망소이의 난
1198년	만적의 난
1200년	최충헌, 도방 설치
1209년	최충헌, 교정도감 설치
1258년	최씨 무신 정권 붕괴
1270년	강화에서 환도

원고 **알렉시우스 1세(1048년~1118년, 재위 기간 : 1081년~1118년)**

나는 우르바누스 2세 교황에게 십자군 파견을 요청한 비잔티움 제국의 황제입니다. 내정을 정비하고 군사 제도, 재정 제도, 화폐 제도를 개혁하여 쇠약해진 비잔티움 제국을 부흥시켰지요.

원고 측 변호사 **김딴지**

나, 김딴지 변호사는 역사에 대한 해박한 지식으로 잘못된 역사를 바로잡는 데 혼신의 힘을 쏟는 변호사랍니다.

원고 측 증인 **우르바누스 2세**

나는 1차 십자군을 결성한 로마의 교황입니다. 신성 로마 제국의 황제인 하인리히 7세에게 압력을 가하고 프랑스 왕 필립 1세마저 파문하는 등 교황권의 신장을 위해 노력했습니다.

원고 측 증인 보두앵

나는 1차 십자군 지도자 중 한 명입니다. 초대 에데사 백작령의 백작이며, 후에 초대 예루살렘 왕국의 왕이 되어 왕국의 영토를 넓히는 데 많은 노력을 기울였지요.

원고 측 증인 보에몽

노르만인 출신인 나는 1차 십자군 지도자 중 한 명으로 안티오키아 공국의 공작이며, 아나톨리아해 동쪽의 영지를 물려받아 타란토의 공작 보에몽이란 별칭으로 불렸습니다.

원고 측 증인 루이 7세

나는 프랑스의 왕으로 일 드 프랑스 지방을 평정했고 샹파뉴 백작과 싸워 그를 제압했습니다. 2차 십자군 원정에 참가했으나 실패했지요.

피고 **고드프루아 드 부용(1060년?~1100년)**

나는 1차 십자군 지도자 중 한 명입니다. 이슬람 세력으로부터 예루살렘을 되찾은 후 팔레스타인에 예루살렘 왕국을 세웠지요.

피고 측 변호사 **이대로**

역사공화국에서 명변호사로 널리 알려진 이대로입니다. 역사적 진실은 쉽게 변하는 것이 아니라고 생각하는 변호사이지요. 여러분, 기존의 역사적 평가에는 다 이유가 있다니까요!

피고 측 증인 살라딘

이집트, 시리아의 술탄으로 3차 십자군에 맞서서 이슬람 세계를 이끌었습니다. 전성기에는 이집트, 시리아, 예멘, 이라크, 메카, 헤자즈 등지를 아우르는 아이유브 왕조를 세웠답니다.

피고 측 증인 나역사 (가상의 인물)

나는 역사를 바로 알리고자 자나 깨나 발로 뛰는 역사학자입니다. 역사를 있는 그대로 객관적으로 보기 위해 노력하고 있답니다.

판사 공정한

나는 역사공화국에서 공정하기로 소문난 공정한 판사입니다. 변호사들에게 엄하게 대할 때도 있지만, 역사에 대한 호기심과 공정한 판결에 대한 노력은 나를 능가할 사람이 없지요.

프롤로그

"예루살렘 왕국의 통치자에게
소송을 걸겠소"

여기는 영혼들의 나라, 역사공화국.

김딴지 변호사와 나먹보 조수는 모처럼의 휴가를 맞아 이스라엘
로 배낭여행을 떠났다. 오랜만에 여행을 하는 터라 두 사람은 한껏
들뜬 모습이었다.

이들이 찾은 곳은 예루살렘에 있는 '통곡의 벽'이었다. 이 벽은 기
원후 70년 로마 사람들에 의해 파괴된 예루살렘의 제2성전 가운데
현존하는 유일한 유적지이기도 하다. '통곡의 벽' 앞에는 수많은 관
광객들이 인산인해를 이루며 기도하고 있었다. 두 사람은 이곳 풍경
이 낯선 듯 좌우를 두리번거리며 살펴본 후 서둘러 빠져나왔다.

"휴, 변호사님. 사람이 정말 많네요. 간신히 빠져나왔어요."

18 ●   왜 십자군은 예루살렘으로 떠났을까?

"그러게 말이야. 이곳에 찾아와 기도하는 유대인이 정말 많군."

"네, 그런데 이곳의 이름이 왜 '통곡의 벽'이에요? 누가 이 벽을 치면서 울었나요?"

"에헴, 이곳이 '통곡의 벽'이라고 불린 데에는 두 가지 이유가 있지. 첫째는 예수가 십자가에 못 박혀 죽은 뒤 로마군이 예루살렘을 공격하여 유대인을 많이 죽였는데, 이를 지켜본 성벽이 밤만 되면 눈물을 흘렸다는 거야. 그리고 둘째는 로마군에 의해 파괴된 성전을 본 유대인이 성벽 앞에 모여서 슬퍼했기 때문이야."

"아, 그렇군요! 아는 만큼 보인다더니 변호사님의 설명을 들으니 유적이 새롭게 보이네요."

김딴지 변호사와 나먹보 조수는 담소를 나누며 '통곡의 벽'을 빠져나와 주변 노천 식당을 찾았다. 그런데 바로 그때 무장한 군인들이 두 사람의 곁을 스쳐갔다.

"변호사님, 그런데 왜 이렇게 무장한 군인들이 많은 거예요?"

"유대인에게 이 '통곡의 벽'은 '약속의 땅'인 이스라엘을 상징해. 그런데 아랍인에게도 이곳은 '바위 사원'과 '알 아크사 모스크'가 있는 이슬람의 성지로 여겨지고 있어. 두 민족 모두에게 아주 중요한 곳이라고 할 수 있지. 그래서 이 '통곡의 벽'을 두고 두 민족 간에 갈등이 생겨 폭력 사태가 벌어지기도 했었어."

"유대인과 아랍인이 평화롭게 살면 좋을 텐데……."

김딴지 변호사의 설명을 들은 조수가 한숨을 쉬며 주변을 둘러봤

유대인
헤브라이인, 이스라엘인이라고도 하며 기원전 2000년경 메소포타미아에서 팔레스티나 지역으로 이주한 사람들과 그의 후손들을 말합니다.

다. 이때 낯선 노인 한 명이 두 사람의 이야기에 끼어들었다.

"두 민족은 참 오랜 세월 동안 서로 미워했습니다. 그런데 이들처럼 서로를 미워한 사람들이 또 있어요. 바로 비잔티움 사람들과 튀르크족이지요. 그들은 7세기부터 콘스탄티노플이 함락되는 1453년까지 싸웠답니다."

낯선 이의 등장에 깜짝 놀란 김딴지 변호사가 물끄러미 노인을 쳐다보며 말했다.

"그런데 누구십니까?"

"아, 내 소개를 빠트렸군요. 나는 비잔티움 제국의 황제인 알렉시우스 1세라고 합니다."

깜짝 놀란 김딴지 변호사는 이 노인을 머리부터 발끝까지 훑어 내려가면서 자세히 관찰했다. 그 노인은 값비싼 황금 장식이 달린 화려한 옷을 입고 두 사람 앞에 서 있었다.

"진짜 알렉시우스 1세 황제이십니까?"

"네, 맞습니다. 김딴지 변호사님의 명성은 익히 들어 잘 알고 있습니다. 마침 변호사님을 이렇게 보게 되었으니, 제가 지금까지 가슴속에 품고 있었던 사건을 의뢰드리고 싶군요."

"사건을 의뢰하신다고요? 그럼 여기 앉으셔서 차근차근 설명해 주시겠습니까?"

김딴지 변호사가 알렉시우스 1세 황제에게 자리를 권하자 그가 의자에 앉으며 말을 이었다.

"흠흠, 사람들은 '십자군 전쟁' 하면 비잔티움 제국과 셀주크 튀르

크 간의 대결을 떠올리지요?"

"네, 저도 지상 세계에서 세계사를 공부할 때 그렇게 배웠거든요. 아닌가요?"

"아니긴요. 맞는 말입니다. 그런데 나는 셀주크 튀르크가 아닌 예루살렘 왕국을 세운 고드프루아에게 소송을 걸려고 합니다."

"아니, 왜요? 좀 더 자세하게 설명해 주실 수 있으신가요?"

김딴지 변호사는 셀주크 튀르크가 아니라 예루살렘 왕국의 지도자에게 소송을 걸러 왔다는 황제의 말에 궁금증이 생겨났다.

"나는 셀주크 튀르크에게 빼앗긴 예루살렘 땅을 되찾기 위해 로마 교황에게 십자군을 모집해 달라고 부탁했습니다. 교황은 내 요청을 받아들여 1차 십자군을 모집했어요."

"네, 그 내용은 저도 알고 있습니다."

"역사 전문 변호사라 그런지 상식이 풍부하시네요. 이때 1차 십자군 전쟁에 나섰던 지도자들은 나와 한 가지 약속을 했었습니다."

"무슨 약속이었나요?"

"예루살렘을 되찾으면 다시 비잔티움 제국에 돌려주기로 말입니다."

"아, 그랬군요. 그런데 예루살렘을 되찾은 후 황제님에게 돌려주지 않은 것이군요!"

"그렇습니다. 그래서 내가 이렇게 소송을 걸려고 하는 겁니다. 특히 고드프루아는 예루살렘을 돌려주기는커녕 예루살렘 왕국을 세운 후 스스로 군주가 되었어요. 그래서 나는 이 욕심 많은 배신자 고드

왜 십자군은 예루살렘으로 떠났을까?

프루아에게 소송을 걸어 잘못했다는 사과를 받아 내고 싶습니다. 어때요? 내 소송을 맡아 주겠습니까?"

"네, 알겠습니다. 제가 맡기로 하죠! 이참에 십자군 전쟁에 대해서도 확실히 배울 수 있겠네요."

십자군 vs 이슬람 전사

1038년 중앙아시아에 셀주크 튀르크가 세워졌고 이슬람교를 믿기
시작했어요. 세력을 확장시킨 셀주크 튀르크는 이슬람 세계를 넓히는
일에 앞장섰어요. 그래서 소아시아와 예루살렘에서 크리스트교를 믿
는 사람들을 몰아내고 비잔티움 제국을 위협했지요. 이에 두려움을 느
낀 비잔티움 제국의 황제 알렉시우스 1세는 로마 교황인 우르바누스
2세에게 도움을 요청했고 이 결과 십자군이 탄생했어요. 당시 전쟁에
참가한 기사들이 가슴과 어깨에 십자가 표시를 했기 때문에 이 군대에
십자군이라는 이름이 붙여졌답니다.

1096년을 출정을 시작한 십자군은 이슬람 군에게 빼앗긴 예루살렘
을 되찾았어요. 하지만 88년 뒤에는 이슬람 군이 다시 예루살렘을 차
지하지요. 이후에도 십자군 전쟁을 계속되어 13세기 말까지 모두 8차
례에 걸쳐 전쟁이 벌어지고 많은 사람들은 피를 흘리게 됩니다.

물론 이 전쟁은 크리스트교를 믿는 사람들과 이슬람교를 믿는 사람
들 사이에 일어난 싸움이라 종교 전쟁이라 부를 수 있어요. 하지만 십
자군 전쟁의 이면에는 종교 이외의 보다 다양한 문제들이 있었지요.
새로운 영토를 갖겠다는 야망, 명예를 갖겠다는 욕심, 경제적인 이익

을 보겠다는 야심 등이 있었기 때문이에요.

결국 십자군 전쟁은 일어났고, 오랜 세월 전쟁은 계속되었고, 마침내 끝나게 됩니다. 하지만 십자군 전쟁 이후 유럽은 큰 변화를 겪게 되지요. 십자군 전쟁을 주장한 교황의 권위는 약해졌고, 많은 희생을 당한 제후의 힘도 쇠했어요. 대신 왕권은 강화되어 중앙집권화를 이룰 토대가 만들어졌답니다.

10세기경에 사용된 여러 무기의 모습

원고 │ 알렉시우스 1세	대리인 │ 김딴지 변호사
피고 │ 고드푸르아 드 부용	대리인 │ 이대로 변호사

청구 내용

비잔티움 제국은 1071년 셀주크 튀르크의 2대 술탄인 알프 아르슬란의 군대에게 만지케르트에서 패배한 이후 급격히 쇠퇴했고, 3대 술탄인 말리크샤에게 예루살렘과 다마스쿠스마저 빼앗기고 말았습니다.

나는 비잔티움 제국의 황제가 된 후 셀주크 튀르크에게 빼앗겼던 소아시아의 땅과 시리아, 그리고 팔레스타인을 되찾기 위해 교황 우르바누스 2세에게 십자군을 요청했습니다. 교황은 내 제안을 받아들여 1091년 십자군을 모집했지요.

그런데 십자군 전사들이 모두 똑같은 목적을 가지고 전쟁에 참여한 것은 아니었습니다. 많은 사람들은 신을 기쁘게 하는 일에 참가하여 죄를 용서받고 크리스트교를 보급하며, 성지를 순례하는 신자들에게 안전한 통로를 만들어 주고자 십자군이 되었습니다. 그러나 개인적인 욕심을 채우고자 십자군이 된 사람들은 영토 정복을 통해 영지를 획득하는 데에만 혈안이 되어 있었습니다. 프랑스 사람으로 1차 십자군 원정의 지휘관이었던 고드프루아는 바로 그런 인물입니다. 그는 십자군을 이끌고 예루살렘은 되찾은 후 그 땅을 나에게 돌려주기는커녕 예루살렘 왕국을 세우고 스스로 군주가 되었습니다. 정말 배은망덕한 인물입니다.

　나는 오늘 소송을 통해 이 땅을 돌려받을 생각은 없습니다. 다만 그가 과거의 잘못을 뉘우치고 내 명예를 조금이라도 회복시켜 준다면 그것으로 만족합니다.

입증 자료

- 중학교 역사 교과서
- 고등학교 세계사 교과서
  그 외 자료 추후 제출하겠음.

　　　　　　　　　　　　　　위 청구인 알렉시우스
　　　　　　　　　　　역사공화국 세계사법정 귀중

십자군 전쟁은 왜 일어났을까?

1. 만지케르트 전투는 왜 일어났을까?
2. 황제는 왜 교황에게 십자군을 요청했을까?
3. 1차 십자군은 어떻게 결성되었을까?

1

만지케르트 전투는
왜 일어났을까?

"예루살렘 왕국을 세운 고드프루아가 고소를 당했다고?"

"성지 순례자들이 예루살렘을 무사히 순례할 수 있도록 도와주신 고마운 분인데 왜 고소를 당해?"

"글쎄, 뭔가 잘못한 게 있으니 고소를 당한 거 아니겠어?"

이때 재판정 앞쪽 문이 열리면서 검은 법복을 입은 판사가 걸어 들어왔다. 조용히 하라는 법정 경위의 말에 배심원과 방청객은 일제히 입을 다물고 판사를 바라보았다.

판사   원고 측 변호인, 오늘의 사건은 무엇입니까?

김딴지 변호사   재판장님, 오늘 재판은 비잔티움 제국의 황제였던 알렉시우스 1세가 고드프루아에게 소송을 건 사건입니다. 예루살렘

예루살렘은 이스라엘의 정치적인 수도입니다. 유대교, 크리스트교, 이슬람교의 공동 성지이지요.(왼쪽)
통곡의 벽. 예루살렘에 있는 서쪽 성벽의 일부로 유대 민족 신앙의 상징입니다.(오른쪽)

은 비잔티움 제국의 영토였습니다. 그런데 1071년 **셀주크 튀르크**가 세력을 넓히더니 이 땅을 빼앗아 갔습니다. ▶그러자 비잔티움 제국의 황제였던 알렉시우스 1세가 예루살렘을 되찾기 위해 교황 우르바누스 2세에게 십자군을 모집할 것을 요청했고, 이를 받아들인 교황은 크리스트교 신자들의 성지 순례를 막는 이슬람 세력으로부터 이 땅을 되찾자며 1차 십자군을 모집했습니다. 이 1차 십자군의 지도자 중 한 명인 고드프루아는 예루살렘을 되찾으면 비잔티움 제국에 돌려주기로 약속했습니다. 그러나 그는 예루살렘을 차지한 후 이를 돌려주기는커녕 스스로 예루살렘 왕국을 세워 군주가 되었습니다. 이에 비잔티움 제국의 알렉시우스 1세가 고드프루아에게 영토의 반환은 아니더라도

셀주크 튀르크
10세기에 튀르크족이 중앙아시아와 러시아 동남부에서 이동해 올 때 셀주크라는 이름을 가진 족장이 이끈 유목 민족입니다.

교과서에는

▶ 십자군 전쟁은 셀주크 튀르크가 예루살렘을 지배하면서 성지 순례를 막고 비잔티움 제국에 압박을 가하자 일어나게 되었습니다.

재판 첫째 날 | 십자군 전쟁은 왜 일어났을까?　●　31

최소한 과거의 잘못을 뉘우치고 용서를 구하는 행동을 보여 달라며 소송을 제기한 것입니다.

김딴지 변호사가 소송 이유를 설명하자, 재판정이 순식간에 술렁 거렸다.

"1천 9백 년 전 사건인데 이제 와서 문제 삼다니 말이 되는 소리야?"

"맞아. 지금 와서 굳이 사과할 필요가 있겠어?"

김딴지 변호사　　　재판장님, 저희 측에서 먼저 원고 알렉시우스 1세 를 불러 변론해도 되겠습니까?

판사　　　받아들입니다. 원고는 나와서 자기소개 하세요.

그러자 황제의 복장을 한, 키가 작고 수염이 덥수룩한 남자가 자 리에서 일어났다.

알렉시우스 1세　　　안녕하십니까, 나는 알렉시우스 1세라고 합니다. 이번 재판의 원고이며, 저기 앉아 있는 고드프루아를 고소한 사람입 니다. 나는 비잔티움 제국의 황제로서 만지케르트 전투 이후 잃어버 린 땅을 되찾고, 압박해 오는 셀주크 튀르크를 막기 위해 부단한 노 력을 했습니다. 그리하여 우르바누스 2세 교황에게 십자군을 보내 달라고 요청하기도 했지요.

김딴지 변호사　　　네, 자기소개 감사합니다. 그런데 만지케르트 전투가 뭡니까?

알렉시우스 1세　아, 좋은 지적입니다. 역시 김딴지 변호사는 날카 롭군요. 만지케르트 지역은 소아시아 다시 말해 오늘날 터키의 반 (Van) 호수 근처를 말합니다. 현재 지명은 '말라즈기르트'라고 하지 요. 바로 이곳에서 우리 비잔티움 제국과 셀주크 튀르크가 벌인 전 투를 만지케르트 전투라고 합니다.

김딴지 변호사　그럼 이 만지케르트 전투는 왜 일어났나요?

알렉시우스 1세　만지케르트 전투가 일어나게 된 원인을 설명하려 면 먼저 셀주크 튀르크가 ▶파티마 왕조를 공격하려 했던 이야기부 터 하는 게 좋을 것 같습니다. 이 부분은 역사학자에게 듣는 것이 어 떨까요?

김딴지 변호사　재판장님, 역사학자 나역사를 증인으로 신청합니다.

판사　네, 좋습니다. 증인은 자리로 나와 주세요.

나역사　안녕하세요. 나는 역사학자 나역사입니다. 매일 교실에서 학생들과 만나다가 이렇게 재판정에 나오니 느 낌이 새롭네요. 하하.

김딴지 변호사　네, 반갑습니다. 방금 원고의 증언을 들으 니 셀주크 튀르크가 파티마 왕조를 공격하려 했던 것이 만 지케르트 전투와 연관이 있다는데 맞습니까?

나역사　네, 맞습니다. ▶▶셀주크의 손자인 투그룰 베이 는 주변 지역을 정복하고 권력을 움켜쥐었습니다. 그리고

교과서에는

▶ 10세기초 카이로에 파티 마 왕조가 세워졌습니다. 이 파티마 왕조는 이집트와 시리아를 지배하고 있었으 며, 후에 아이유브 왕조와 맘루크 왕조로 계승되었습 니다.

▶▶ 이슬람교로 개종한 셀 주크 튀르크는 바그다드를 정복한 이후 칼리프로부터 술탄이라는 칭호를 얻었습 니다. 이로써 아바스 왕조 의 실질적인 지배자가 된 것입니다.

난 후 그는 **칼리프** 제를 없애기 위해 파티마 왕조를 공격하기로 마음먹었지요. 하지만 그의 군대 내에서 자치권을 갖고 있던 **튀르크멘** 부족이 이를 탐탁지 않게 여겼기 때문에 결국 공격하지 못했습니다.

김딴지 변호사　　아니, 왜 그랬지요?

나역사　　이슬람교 신자들 사이에는 약탈이 금지되어 있었습니다. 그런데 이 파티마 왕조는 튀르크멘 부족처럼 이슬람교를 믿고 있었어요. 그러니 공격해 봐야 얻을 것이 없어 이를 원치 않았던 것입니다. 게다가 당시 날씨까지 무더워서 전투를 하러 가는 것도 쉬운 일은 아니었거든요.

김딴지 변호사　그런데 이것이 만지케르트 전투와 어떤 관계가 있다는 말씀이지요? 잘 이해가 안 되네요.

나역사　아, 겉으로 보면 별로 상관이 없는 일인 것 같지만 사실 그렇지 않습니다. 셀주크 튀르크의 튀르크멘 부족이 약탈을 할 수 없는 파티마 왕조 대신에 비잔티움 제국의 소아시아 지역을 공격하기로 마음먹는 계기가 되었기 때문이지요. 잘 아시겠지만 소아시아 지역은 비옥한 영토로 풍요로운 삶이 보장된 땅이었어요. 그러니 이것이 소아시아를 차지하기 위해 벌어진 만지케르트 전투의 원인이 되었다고 볼 수 있지요.

김딴지 변호사　아, 그렇군요. 그런데 방금 증인은 소아시아를 욕심냈던 것이 술탄이 아니라 튀르크멘 부족이라고 하셨지요?

나역사　네, 그렇습니다.

김딴지 변호사　그러면 셀주크 튀르크의 소아시아에 대한 공격은 튀르크멘 부족에 의해 벌어진 것이 되는군요?

나역사　네, 맞습니다. 김딴지 변호사께서 정확히 파악하셨네요. 엄밀히 말하면 셀주크 튀르크족이 소아시아를 공격한 것이라기보다는 셀주크 튀르크족 내에 있던 여러 부족 중 튀르크멘 부족이 소아시아를 공격했다고 말하는 것이 맞습니다.

김딴지 변호사　그렇군요. 그럼 만지케르트 전투는 어떻게 진행되었습니까? 구체적인 상황을 설명

칼리프
이슬람 제국의 지배자를 일컫는 말입니다.

튀르크멘
튀르크메니스탄과 중앙아시아의 주변 지역에 사는 민족입니다. 유목과 어업, 목화 재배에 종사하지요.

만지케르트 전투

해 주세요.

나역사 네, 알겠습니다. 1071년 셀주크 튀르크의 술탄이었던 **알프 아르슬란**이 5만 명의 군사를 이끌고 비잔티움 제국의 동쪽 국경 지역인 아르메니아를 침략했습니다. 그러자 비잔티움 제국의 **로마누스 4세**가 20만 명의 군사를 이끌고 직접 전쟁에 나섰습니다.

김딴지 변호사 와, 비잔티움 제국의 군대가 셀주크 튀르크의 군대보다 4배가량 더 많았군요? 그럼 당연히 비잔티움 제국이 승리했겠네요?

나역사   하하. 결과를 쉽게 예측해서는 안 됩니다. 항상 전술, 전략, 변수에 따라 결과가 달라질 수 있는 것입니다.

김딴지 변호사   그런가요? 그럼 이 전쟁에서 누가 이겼습니까?

나역사   모두의 예상과는 달리 셀주크 튀르크의 군대가 이 전투에서 승리했고, 비잔티움 제국의 로마누스 4세는 그들의 포로가 되었습니다.

김딴지 변호사   아니, 어떻게 그럴 수가 있지요? 당시 비잔티움 제국의 군대가 셀주크 튀르크의 군대보다 수적으로 우세하지 않았습니까?

나역사   그것은 비잔티움 제국의 군대가 용병에 의존했기 때문입니다.

김딴지 변호사   그게 왜 문제가 되나요?

나역사   네, 그 이유는 간단합니다. 당시 군대에는 비잔티움 제국의 군인 외에 여러 지역의 용병이 섞여 있었습니다. 이 용병들은 훈련이 되어 있지 않았고, 또 전세가 불리해지자 도망가거나 혹은 셀주크 튀르크에 투항해 버렸어요. 용병들에게는 애국심이 없었기 때문에 목숨을 내놓고 다른 나라를 위해 끝까지 싸울 필요가 없었던 것입니다.

김딴지 변호사   아, 그렇겠군요. 그럼 군대 내에 용병이 많았다는 것 외에 전투에서 질 만한 또 다른 이유가 있었습니까?

나역사   네. 당시 비잔티움군이 튀르크군을 너무 얕잡아 본 것도

알프 아르슬란
셀주크 튀르크의 2대 술탄입니다.

로마누스 4세
비잔티움 제국 두카스 왕조의 3대 황제입니다. 아르메니아에 침입한 셀주크 튀르크군을 물리치기 위해 만지케르트 전투에 나섰다가 패배하여 셀주크 튀르크의 포로가 되었습니다. 후에 풀려났지만 황제의 자리에서 폐위당한 후 비참하게 죽었습니다.

용병
보수를 받고 일하는 군인입니다.

큰 잘못이었습니다. 비잔티움군은 튀르크군을 얕잡아 보고 그들에 대한 정보 없이 너무 깊숙이 적진에 침입했고, 결국 매복해 있던 튀르크군에게 당하고 말았지요.

매복
상대 군사의 움직임을 살피거나 불시에 공격하기 위해 몰래 숨어 있는 것을 말합니다.

김딴지 변호사   그런 이유가 있었군요.

나역사   아, 그리고 마지막으로 한 가지만 더 덧붙인다면 안드로니코스 두카스라는 배신자 때문이기도 합니다. 안드로니코스 두카스는 황제의 군대가 전방에서 전투를 하고 있는 사이 일부러 자기 병사들에게 아군이 패했다는 소문을 퍼뜨려 군대가 전선을 이탈하도록 만들었습니다. 결국 이러한 요인들 때문에 로마누스 4세가 포로가 되고 만 것입니다.

김딴지 변호사   네, 그렇군요.

나역사   그런데 이 전투에서 셀주크 튀르크의 술탄인 알프 아르슬란이 로마누스 4세를 풀어 주었습니다.

김딴지 변호사   적의 황제를 풀어 주다니, 정말 의외네요. 왜 그랬을까요?

나역사   제 생각에 알프 아르슬란은 파티마 왕조를 공격하기 위해 힘을 아끼려고 그랬던 것 같습니다. 그는 파티마 왕조를 공격하려고 했지 비잔티움 제국까지 공격할 생각은 없었거든요. 하지만 튀르크멘 부족의 생각은 달랐어요. 아까도 말씀드렸듯이 소아시아 지역을 탐내고 있었거든요. 그래서 튀르크멘 부족은 만지케르트 전투 이후 내란에 빠진 비잔티움 제국을 공격해 아나톨리아 지역을 덮쳐 마르마라 해까지 진격했던 것입니다.

김딴지 변호사   증인, 자세하게 설명해 주셔서 감사합니다.

바로 그때 이대로 변호사가 자리에서 일어나 원고 앞으로 다가가 입을 열었다.

이대로 변호사   재판장님, 이제 제가 원고를 신문해도 되겠습니까?

판사   네, 그렇게 하세요.

이대로 변호사   당시 비잔티움 제국은 오랜 기간 동안 내분에 시달렸고, 또 변방 지역에 대한 가혹한 수탈로 인해 정치적으로도 혼란스러웠지요? 그리고 발칸 반도에서 남하하는 여러 민족이 비잔티움 제국을 위협함으로써 소아시아에 대한 비잔티움 제국의 통제가 불가능했던 것도 사실이고요. 아닙니까?

알렉시우스 1세   그러한 사실이 있었던 것은 인정합니다. 그렇지만 그러한 사실과 셀주크 튀르크의 침입은 어떤 관계가…….

알렉시우스 1세가 말끝을 흐리자 이대로 변호사가 손을 들어 그의 말을 끊었다.

이대로 변호사   잠깐! 원고는 방금 그러한 사실이 있었던 것을 인정하신다고 하셨습니다. 그렇다면 그러한 사실이 셀주크 튀르크의 침입을 오히려 도와준 것은 아닐까요? 다시 말해 소아시아에 거주하는 비잔티움인이 가혹한 수탈을 이겨 내지 못하고 셀주크 튀르크의

침입을 오히려 환영한 것은 아닙니까?

알렉시우스 1세　　뭐라고요? 그건 말도 안 됩니다. 소아시아에 거주하는 비잔티움인이 무엇이 아쉬워 셀주크 튀르크의 침입을 환영하겠습니까? 물론 이민족의 침입이 많던 시기에 세금을 많이 거두었던 것은 인정합니다. 하지만 이는 전쟁 시기에 흔히 일어날 수 있는 일 아닙니까? 그런 일 때문에 적을 환영한다고요? 절대로 그렇지 않습니다.

이대로 변호사의 주장에 원고 알렉시우스 1세가 흥분해 자리를 박차고 일어났다. 그러자 김딴지 변호사가 그를 진정시킨 후 자리에서 일어나 이의를 신청했다.

김딴지 변호사   재판장님, 이의 있습니다. 지금 이대로 변호사는 사실이 아닌 것을 마치 사실인 양 말하고 있습니다.

판사   네, 제가 보기에도 그런 것 같습니다. 이대로 변호사, 실제로 일어난 일에 대해서만 질문하세요.

이대로 변호사   예, 그렇게 하겠습니다. 그럼 원고는 만지케르트 전투가 꼭 일어나야만 했던 전쟁이라고 생각하십니까? 제가 보기에는 비잔티움 제국의 로마누스 4세가 소아시아 지역에 미련을 갖지 않았다면 만지케르트 전투는 일어나지 않았을 것이고, 또 그랬다면 비잔티움 제국과 셀주크 튀르크 사이에 전쟁도 일어나지 않았을 것 같은데요.

알렉시우스 1세   나는 그렇게 생각하지 않습니다. 1070년 알프 아르슬란이 군대를 이끌고 만지케르트와 우르파를 차지하지 않았다면 애초에 이 전쟁은 일어나지 않았을 거예요.

2

황제는 왜 교황에게
십자군을 요청했을까?

이대로 변호사　　그럼 로마누스 4세가 만지케르트 전투에서 패배한 후 황제의 자리에서 쫓겨난 것에 대해서는 어떻게 생각하십니까? 제가 생각하기에 만약 로마누스 4세가 황제의 자리에서 쫓겨나지 않았다면 양국 간에 평화 관계가 유지되었을 수도 있었을 것 같은데요.

알렉시우스 1세　　글쎄요, 생각해 보지 않은 질문이라 대답하기가 어렵긴 합니다만…… 만약 로마누스 4세가 계속 황제의 자리를 유지했다면 비잔티움 제국과 셀주크 튀르크 간 평화가 오랫동안 지속되었을 수도 있었다고 생각합니다.

이대로 변호사　　왜 그렇게 생각하시지요?

알렉시우스 1세　　셀주크 튀르크의 술탄인 알프 아르슬란은 만지케르트 전투 후 양국의 강화 조건으로 넓은 영토를 넘기라고 요구하지 않고, 단지 만지케르트를 비롯한 몇 군데의 땅만을 넘겨 달라고 요구했어요. 또 황제의 딸을 자신의 아들과 결혼시키려 했고, 황제를 포로에서 풀어 주며 그의 몸값으로 금괴 1백50만 개와 매년 36만 개의 공물을 요구했으니까요. 이러한 사실로 볼 때에 술탄은 로마누스 4세가 무사히 황제의 자리에 복귀하여 양국 간의 평화 관계가 유지되었으면 좋겠다고 생각한 것 같아요. 그러니 비잔티움 제국의 문관 귀족들이 로마누스 4세를 다시 황제로 받아들였다면 비잔티움 제국과 셀주크 튀르크 사이에 평화 관계가 수립될 수도 있었겠지요.

이대로 변호사　　그럼 원고는 로마누스 4세가 비잔티움 제국의 문관 귀족들에 의해 황제의 자리에서 쫓겨나지 않았다면 양국 간에 평화가 유지되었을 것이고, 또 그렇다면 튀르크멘 부족이 내란에 빠진 비잔티움 제국을 공격하지 않았을 것이라는 말인가요?

알렉시우스 1세　　그, 그건……

　원고가 피고 측에 유리한 대답을 하자 당황한 김딴지 변호사가 벌떡 일어나 말을 끊었다.

김딴지 변호사　　재판장님, 이의 있습니다. 지금 피고 측 변호사는 셀주크 튀르크의 침공을 문제 삼지 않고 비잔티움 제국의 내부 문제만을 들추어내고 있습니다. 이는 오늘 재판의 내용을 흐리는 것입니다.

판사　　피고 측 변호사, 주의하세요.

이대로 변호사　　네, 알겠습니다. 그럼 원고에게 다른 질문을 하도록

하겠습니다. 원고는 왜 교황 우르바누스 2세에게 십자군을 요청했습니까? 전쟁 비용을 줄이려 했던 것입니까? 아니면 십자군으로 하여금 시리아와 팔레스타인 지역을 정복하도록 만든 후 이들을 봉건 제후로 삼아 방패막이로 이용하려 했던 것입니까?

알렉시우스 1세 나는 전쟁 비용을 줄이기 위해서 교황에게 십자군을 요청한 것이 아닙니다. 십자군을 봉건 제후로 삼아 방패막이로 이용하려는 생각은 더더욱 없었어요.

이대로 변호사 과연 그럴까요? 제가 당시의 상황을 조사해 보니 그렇지 않던데요.

김딴지 변호사 재판장님, 이의 있습니다. 지금 이대로 변호사는 증거도 없이 자신의 생각을 말하고 있습니다. 제지해 주십시오.

판사 네, 받아들입니다. 이대로 변호사, 변론을 할 때에는 증거를 함께 제시해 주세요.

판사의 지적을 받은 이대로 변호사가 머쓱한 듯 변론을 마치고 자리로 들어가자 김딴지 변호사가 흐뭇한 미소를 지으며 자리에서 일어났다.

김딴지 변호사 존경하는 재판장님, 원고에게 추가 질문이 있습니다.

판사 좋습니다. 질문하세요.

김딴지 변호사 원고, 그럼 교황에게 십자군을 요청한 진짜 이유가 무엇입니까?

알렉시우스 1세 만지케르트 전투에서 패배한 로마누스 4세가 포로가 되자 미카일 7세가 비잔티움 제국의 황제가 되었습니다. 그는 제국의 실추된 위신을 회복하기 위해 소아시아로 원정대를 급파하기로 했지요. 하지만 이 부대 지휘관 중 한 명이 황제를 배신하고 셀주크 튀르크 군대에 합류해 버렸습니다. 원정은 완전히 실패로 돌아가고 소아시아에 대한 비잔티움 제국의 지배력은 급속히 약화되었습니다. 대외적으로는 아시아에서 비잔티움 제국의 힘이 약해지고, 이탈리아 내에 있던 제국의 영토도 빼앗겼으며, 발칸 반도에서는 제국의 권위가 크게 떨어졌습니다. 대내적으로는 중앙 권력이 마비되고, 경제적인 어려움에 처하게 되었어요. 바로 그런 상황에서 내가 황제의 자리에 오르게 된 것입니다.

김딴지 변호사 어려운 시기에 황제가 되셨군요.

알렉시우스 1세 맞습니다. 그래서 나는 비잔티움 제국의 부흥을 일구어 내려 했던 것입니다. 하지만 내 노력은 단지 일시적인 성과밖에 얻을 수 없었습니다. 앞에서도 말했듯이 비잔티움 제국을 지탱해 주던 체제가 모두 무너진 상태에다 여러 주변 민족의 공격을 받아 위기에 처해 있었거든요. 1090년부터 1091년까지 콘스탄티노플은 육지와 바다 양쪽에서 적들에 포위되어 공포로 가득 찬 겨울을 보내야만 했습니다. 나는 이 상황을 해결하고자 튀르크계의 쿠만족에게 도움을 청했고 다행히 쿠만족이 이를 받아들여 페체네그족을 완전

미카일 7세
콘스탄티누스 10세와 황후 에우도키아 마크렌보리티사의 맏아들로 태어났습니다. 어머니 에우도키아가 로마누스 4세와 결혼하면서 로마누스 4세가 황제가 되고 그는 두 동생과 함께 명목상 공동 황제가 되었지요. 그러다 로마누스 4세가 만지케르트 전투에서 패배하여 포로가 되자 어머니에 의해 정식 황제가 되었습니다.

쿠만족
동유럽의 평원에서 활동했던 민족이었습니다. 코만(Coman) 또는 쿤(Kun)이라고 부르지요.

히 물리칠 수 있게 되었습니다.

김딴지 변호사　　그렇지만 쿠만족이 영원한 동맹군은 아니지 않습니까?

알렉시우스 1세　　맞습니다. 세상에 영원한 동맹군은 없더군요. 콘스탄티노플이 해방되자 이번에는 쿠만족이 비잔티움 제국의 영토로 침입하여 약탈을 벌였습니다. 그래서 나는 과감히 쿠만족의 지도자를 없애고 그들을 뿔뿔이 흩어지도록 만들었습니다.

김딴지 변호사　　그렇다면 원고가 교황에게 십자군을 요청한 것은

이런 혼란스러운 상황 속에서 할 수 있는 최선의 선택이었군요?

알렉시우스 1세   네, 그렇습니다. 김딴지 변호사는 참 이해가 빠르네요. 사실 나는 서방에서 구원군을 얻으려고 애썼습니다. 그래서 1089년 말 혹은 1090년 초에 내게 찾아와 충성을 맹세했던 로베르에게 편지를 보냈던 것이지요. 그리고 얼마 후인 1095년에 교황 우르바누스 2세에게도 용병대를 보내 달라고 간청했고요. 내 요청을 받아들인 교황은 동방의 크리스트교 신자들을 튀르크인으로부터 해방시킨다며 십자군을 모았습니다. 나는 이 소식을 듣고 깜짝 놀랐습니다.

김딴지 변호사　아니, 직접 용병을 보내 달라고 요청하셨으면서 왜 놀라셨지요?

알렉시우스 1세　이 1차 십자군 원정의 군사들은 비잔티움 제국의 수도인 콘스탄티노플에서 집결한 뒤 예루살렘으로 진격하기로 되어 있었습니다. 이때 교황은 십자군 전사들로 하여금 비잔티움인을 도울 것이라고 했지요. 하지만 내가 생각하기에 이 군대가 예루살렘을 되찾기보다는 비잔티움 제국을 정복할 가능성이 더 높아 보였습니다. 십자군 군사들은 유럽 전역에서 모였기 때문에 숫자상으로 볼 때에 비잔티움 제국 전체 군사의 숫자보다 훨씬 많았거든요.

김딴지 변호사　아, 그렇군요. 자세한 설명 감사드립니다.

　왜 십자군은 예루살렘으로 떠났을까?

클레르몽 공의회

클레르몽 공의회

클레르몽 공의회는 1130년까지 총 7차례 열렸습니다. 그중에서 십자군을 모집한 것으로 가장 유명한 것은 1095년에 열린 공의회입니다. 이 공의회는 교황 우르바누스 2세가 소집한 것이며, 이 회의에 참가한 고위 성직자는 3천여 명에 이른다고 합니다.

교황은 이 회의에서 이슬람 신자들에게 빼앗긴 성지를 반드시 회복해야 하며, 원정에 참가하고자 하는 사람에게는 죄를 용서받는 특혜를 주겠다고 호소했습니다. 이러한 교황의 호소에 감동받은 사람들은 앞을 다투어 십자군에 참여하고자 했습니다.

십자군에 참여하고자 한 사람들은 순수하게 신앙적인 이유로 참여하고자 했던 사람들도 있었지만, 동방의 부유한 부를 얻기 위해 참여한 사람들도 많이 있었습니다. 당시 서유럽은 봉건제 사회가 안정화 되어 있었는데, 이러한 봉건제 아래에서는 장남만이 재산을 상속받을 수 있었기 때문입니다.

이렇게 해서 1차 십자군에 참여한 사람들은 무려 10만 명에 달했고, 이들은 예루살렘을 되찾는다는 명분을 이용해 약탈과 학살을 자행했습니다.

3

1차 십자군은
어떻게 결성되었을까?

김딴지 변호사   존경하는 재판장님, 이번에는 교황 우르바누스 2세
를 증인으로 불러 1차 십자군이 어떻게 결성되었는지 직접 들어 보
고자 합니다.

판사   네, 좋은 생각이군요. 교황 우르바누스 2세는 앞으로 나와서
증인 선서 해 주세요.

그러자 신과 인간의 중간자인 교황이 위엄 있는 표정을 지으며 재
판정 앞으로 걸어 나왔다.

우르바누스 2세   선서, 나 우르바누스 2세는 진실만을 말할 것을 맹
세합니다.

판사   증인, 간단히 자기소개 해 주세요.

우르바누스 2세   ▶나는 프랑스의 귀족 출신으로 **클뤼니 수도원**에 들어가 수도사가 되었고, 후에 추기경에 **서임**되었습니다. 교황의 뜻을 받들어 세속적인 성직자의 서임, 성직 매매, 그리고 성직자의 축첩을 금지하도록 했습니다. 교황이 된 후에는 신성 로마 제국의 황제인 하인리히 7세에게 압력을 가했고, 프랑스의 왕인 필립 1세를 파문하는 등 교황권을 신장하기 위해 노력했습니다.

클뤼니 수도원
클뤼니 수도원은 세속적인 성직자의 서임과 성직의 매매를 금지했고, 성직자의 축첩을 금지하는 등 정화 운동을 벌였습니다.

서임
벼슬자리를 내리는 것을 뜻합니다.

김딴지 변호사가 교황 우르바누스 2세에게 다가가 가볍게 인사를 건넨 후 질문을 시작했다.

김딴지 변호사   이렇게 증인으로 나와 주셔서 감사합니다. 바로 본론으로 들어가지요. 1차 십자군은 어떻게 결성되었습니까?

우르바누스 2세   1095년 초 알렉시우스 1세가 나에게 도움을 청하는 편지를 보내왔습니다. 그 편지에는 크리스트교 신자들이 튀르크인의 지배 아래에서 고통을 겪고 있으니 도와 달라는 것이었지요. 나는 교황으로서 이를 가만히 지켜볼 수 없었어요. 그래서 바로 황제의 요청을 받아들였습니다.

김딴지 변호사   오늘날 일부 학자들은 증인이 교황의 권위를 강화하기 위해 황제의 요청을 받아들이고 십자군 전쟁을 일으켰다고 주장하고 있습니다. 이러한 주장에 대해

교과서에는

▶ 10세기에 클뤼니 수도원을 중심으로 부패한 교회를 정화하려는 개혁 운동이 일어났습니다.

나는 크리스트교 신자들을
보호하기 위해
십자군을 모은 겁니다.

교황의 권위를 강화하려
했다는 건 틀린 말이에요.

서는 어떻게 생각하십니까?

우르바누스 2세　▶나는 크리스트교 왕국을 보호하고 이교
도들로부터 잃어버린 영토를 회복하고자 했을 뿐입니다.

김딴지 변호사　　하지만 역사가들의 주장에 따르면 이 시
대에 군사를 일으키는 것은 황제와 왕의 전형적인 특권이
라고 합니다. 그러니 증인이 십자군을 일으킨다는 것은 유

교과서에는

▶ 11세기 후반 셀주크 튀르
크가 크리스트교 신자들의
성지 순례를 박해하고 비잔
티움 제국에게 압력을 가하
자, 교황이 각 나라에 십자
군 파견을 요청하였습니다.

왜 십자군은 예루살렘으로 떠났을까?

럼 대부분의 권력자들에게 교황의 권위를 주장하는 셈이 되는 것입니다. 이는 종교적인 문제뿐 아니라 세속적인 문제에서도 교황의 권위를 확실하게 드러내는 것이지요. 그렇게 생각하지 않습니까?

우르바누스 2세　　듣고 보니 그렇군요.

김딴지 변호사　　그럼 다음으로 증인이 어떻게 1차 십자군을 모집할 수 있었는지 자세하게 말씀해 주세요.

우르바누스 2세　　나는 교황을 볼 기회가 없었던 일반 사람들에게 직접 나타나 십자군을 모으자고 호소했습니다. 특히 클레르몽에서 연설했을 때의 반응은 정말 뜨거웠습니다.

김딴지 변호사　　클레르몽에서는 어떤 연설을 하셨습니까?

우르바누스 2세　　▶"튀르크족은 하느님의 교회들 중 일부를 완전히 파괴했고 일부는 자기들 종교를 위해 사용하고 있다. 그들은 제단을 더럽히고 모독한다……. 예루살렘마저 이교도들에 의해 신성 모독을 당하고 있다. 그리스도가 우리를 위해 고난을 받다가 돌아가신 그곳으로 크리스트교 신자들이 가는 길은 더 이상 안전하지 않다. 크리스트교 세계의 가장 신성한 도시의 성벽 뒤에서 이교도 튀르크인이 조롱하고 있는 동안 크리스트교 세계가 어찌 수수방관하고 있단 말인가?"라고 했지요.

김딴지 변호사　　증인의 연설을 들은 기사들은 흥분했고 군중 역시 넋이 나갈 정도였지요? 유럽 전역에서 "하느님의 뜻이다! 하느님의 뜻이다!"라는 의분에 가득 찬 기사들의 거대한 함성이 터져 나왔다고 들었습니다. 이 말이 사

교과서에는

▶ 교황 우르바누스 2세는 예루살렘으로 가는 순례자들이 튀르크인에 의해 박해를 받고 있다고 과장하면서 성지 탈환을 호소했습니다.

실입니까?

우르바누스 2세　사실입니다. 그리고 나는 주교와 전도사를 곳곳에 보내어 내 말을 널리 퍼뜨리도록 했습니다. 그들은 청중을 향해 「마태복음」16장 24절의 "누구든지 나를 따라오려거든 자기를 부인하고 자기 십자가를 지고 나를 따를 것이니라" 또는 「마태복음」19장 29절의 "내 이름을 위하여 집이나 형제나 자매나 부모나 자식이나 전토를 버린 자마다 여러 배를 돌려받고 또 영속을 상속하리라"와 같은 성경을 인용해 호소했습니다. 이때 전도사들은 십자가에 못 박힌 예수의 성화를 지참하고 다녔는데, 이 성화를 보여 주면서 이슬람교도들이 예수 그리스도를 박해하는 자들이라는 생각을 하도록 만들었습니다.

김딴지 변호사　듣자하니 십자군 전사가 되려면 순례자 서약을 해야 한다던데, 사실입니까?

우르바누스 2세　그렇습니다. 십자군 전사들은 원정에 참가하기에 앞서 순례자 서약을 했고, 여기에 순례 중에 금식을 한다든지, 금욕을 한다든지, 혹은 특별 기도를 올린다는 서약을 덧붙였습니다. 어깨에는 단순한 형태의 십자가를 꿰매 달아 순례자임을 표시했지요. 십자군 전사들은 자신들을 가리켜 '순례자' 혹은 '십자가를 진 자'라고 불렀습니다. 십자군 전사는 성묘를 찾아가는 순례자나 마찬가지로 죄를 사면받았습니다. 또한 전사의 토지와 재산은 귀환할 때까지 교회의 보호를 받았지요.

김딴지 변호사　성지 순례가 크리스트교 신자들에게 어떤 의미이기에 이런 서약을 하는 것입니까?

우르바누스 2세 성지 순례자들은 성인들이 살던 곳에 직접 찾아가면 그곳의 영험함이 순례자들에게 전해질 것이라는 희망을 가지고 있었습니다. 뿐만 아니라 크리스트교의 예언자나 성인들의 유골이 있는 곳을 찾아가도 큰 은혜를 입을 수 있다고 생각했지요. 그러니 성지 순례는 종교적인 신앙을 표현하는 중요한 행위라고 할 수 있습니다.

김딴지 변호사 잘 알겠습니다. 그렇다면 십자군 원정은 참 이상한 순례군요. 십자가의 서약을 한 수천 명의 군사들이 성지 순례의 길에 칼과 갑옷 등의 무기를 지녔으니 말이에요.

우르바누스 2세 무기를 들고 성지 순례를 떠난 것은 십자군 원정이 처음은 아닙니다. 예루살렘에 가는 순례자들은 이전부터 해적과 노상강도, 부패한 관리, 그리고 돈주머니를 찬 외국인을 위협하는 잡배들로부터 자신을 보호하기 위해 무장했거든요.

김딴지 변호사 그런데 이 경우는 조금 다른 것 같습니다. 이번 순례자 집단은 전투에 능한 수천 명의 군인으로 구성되었고, 방어가 아니라 정복을 목적으로 했으니까요. 그렇지 않습니까?

우르바누스 2세 그야, 뭐…….

김딴지 변호사 그런데 군사 지도자들이 참가한 1차 십자군 이전에 평범한 이들이 참가한 '군중 십자군'이 있었다고 하던데 사실입니까?

우르바누스 2세 사실입니다. 원래 십자군 원정은 거룩한 사랑의 행위이자 은총과 회개의 수단인 순례로 제시되었기 때문에, 교황의 소집에 응한 사람들은 강건한 군인들만이 아니었습니다. 구원을 원한 여자와 노인도 십자군에 참가하겠다고 몰려들었으니까요. 나는 주교와 전도사들에게 병사가 될 수 없는 사람들에게는 서약을 받지 말라고 명령하고 이미 한 서약은 취소하도록 했습니다. 하지만 내 명령에도 불구하고 가난이나 병으로 여러 가지 고통을 지닌 사람들이 옷에 십자군의 십자가를 달고 원정에 참가했습니다. 유럽 전역에서 대략 15만 명의 사람들이 참여했지요.

김딴지 변호사   조금 더 자세하게 설명해 주세요.

우르바누스 2세   네, 1096년 수확기가 끝난 8월 중순부터 많은 평민들이 십자군에 가담했지요. 그래서 고티에 생자부아는 은자 피에르보다 한발 앞서 하급 기사들과 열의에 찬 농민들을 모아 오합지졸 대군을 만들어 출발했습니다. 고티에는 콘스탄티노플에서 은자 피에르를 기다렸다가 아나톨리아(소아시아)에 함께 입성하는 것을 승낙했습니다. 한편 은자 피에르는 남루한 옷차림으로 당나귀를 타고 프랑스의 마을을 돌아다니며 부자와 빈자, 노인과 젊은이, 남자와 여자 할 것 없이 모든 이들을 십자군에 끌어들였습니다. 심지어 그가 하느님이 모든 크리스트교 신자들에게 한시바삐 튀르크족에 맞서 싸우라는 하늘나라에서 내린 편지를 가지고 있다는 소문까지 널리 퍼져 있었지요. 1096년 4월 은자 피에르는 프랑스를 떠나 독일의 쾰른으로 가서 십자군을 모았고, 이곳에서도 역시 큰 호응이

고티에 생자부아
'무일푼의 발터'라고도 불리는 프랑스 북부 출신의 기사입니다. 군중 십자군의 지도자 중 한 명이지요.

은자 피에르
당나귀를 타고 다니며 이슬람과의 전쟁을 주장한 사람입니다. 성 베드로가 그의 꿈에 나타나 이슬람과 전쟁을 하라고 명령했다고 합니다.

오합지졸
까마귀가 모여 있는 것처럼 규율이나 질서 없이 모인 병졸 혹은 군중을 이르는 말입니다.

있었습니다.

김딴지 변호사 그런데 고티에 생자부아와 은자 피에르가 이끈 군중 십자군이 헝가리, 불가리아 그리고 비잔티움 제국을 통과하면서 약탈과 절도, 폭동, 폭력 사태를 일으켰다고 하던데요. 왜 이런 일이 일어났습니까?

우르바누스 2세 그것은 원고 알렉시우스 1세가 대군을 먹여 살리는 데 필요한 식량을 미처 준비하지 못했기 때문입니다. 아마도 십자군이 그렇게 빨리 나타날 것이라고는 예상하지 못했겠지요.

왜 십자군은 예루살렘으로 떠났을까?

김딴지 변호사 증인, 저는 그렇게 생각하지 않습니다. 십자군이 비잔티움 제국을 지나면서 일으킨 문제에 대해서는 원고에게 책임을 물을 수 있습니다. 하지만 십자군이 헝가리나 불가리아를 지나면서 일으킨 문제에 대해서는 원고에게 책임을 물을 수 없습니다. 그 책임은 열정만을 앞세운 채 아무런 준비 없이 원정을 떠난 군중 십자군에게 있기 때문입니다. 그렇게 생각하지 않습니까?

우르바누스 2세 그야…….

김딴지 변호사 고티에 생자부아와 은자 피에르를 만난 알렉시우스 1세는 콘스탄티노플에서 병력을 기다렸다가 같이 떠날 것을 제안했지만 열정에 가득 찬 이들 군중 십자군은 그냥 빨리 소아시아를 향해 떠나 버렸다고 합니다. 왜 그랬을까요?

우르바누스 2세 이들은 오로지 기도와 찬송, 그리고 조잡한 무기밖에 지니지 않은 사람들이었습니다. 이들은 그런 자신들을 비웃던 군인들과 명예를 나누고 싶은 생각이 없었어요. 그리고 비잔티움 제국의 황제 역시 약탈을 일삼는 이 십자군들을 튀르크족이 있는 소아시아에 빨리 보내 버리려고 했고요.

김딴지 변호사 아, 그랬군요. 그럼 이들은 소아시아에 건너간 이후 어떻게 되었나요?

우르바누스 2세 이들은 소아시아로 건너가서도 어떻게 예루살렘으로 갈 것인지에 대해 전혀 계획이 없었어요. 앞에서 말했듯이 이들은 준비가 부족했거든요. 그래서 처음부터 니케아 교외를 급습하는 약탈을 자행하다가 튀르크족에게 모두 사로잡혔습니다. 그 후 이들 중 크리스트를 부정하고 이슬람교로 개종한 자들은 동쪽으로 이송되었으나, 나머지는 모두 참살되었지요.

김딴지 변호사   참 불행한 사건입니다.

판사   자자, 시간이 다 되었군요. 오늘 재판은 비잔티움 제국의 황제였던 알렉시우스 1세가 왜 교황 우르바누스 2세에게 십자군을 요청했으며, 1차 십자군은 어떻게 결성되었는지에 대해 살펴봤습니다. 그럼 첫 번째 재판은 이것으로 마치겠습니다.

땅, 땅, 땅!

동서 교회의 분열

비잔티움 제국은 콘스탄티노플을 중심으로 힘을 키웠고, 서로마 제국은 로마를 중심으로 전형적인 로마 문화를 키워나갔습니다. 그러던 중 게르만족의 이동으로 476년 서로마 제국이 멸망하자 콘스탄티노플과 로마 교회가 서로 주도권을 차지하기 위해 경쟁을 벌이게 되었습니다. 그런데 이러한 갈등에 더욱 불을 붙인 것은 726년에 비잔티움 제국의 황제였던 레오 3세가 성상 파괴령을 내리면서부터입니다.

성상은 예수, 마리아 등의 그림이나 동상을 말하는데, 레오 3세는 구약 성경 중 모세의 십계명에 들어 있는 "우상을 섬기지 말라"를 근거로 삼아 이를 만들어 섬기지 못하도록 한 것입니다. 그런데 이때 레오 3세는 비잔티움 제국의 영역뿐만 아니라 로마 교황의 관할에 있던 서유럽 지역까지 성상을 파괴하라는 명령을 내렸고, 이에 대한 반발로 로마 교황이 프랑크 왕국의 샤를마뉴에게 황제의 관을 씌워 주고 서로마 제국의 황제로 인정해 주었습니다. 이 성상 파괴령으로 인해 콘스탄티노플 교회는 동방 정교회가 되었으며, 로마 교회는 로마 가톨릭이 되었습니다.

오합지졸 군중 십자군

교황 우르바누스 2세가 셀주크 튀르크에게 빼앗긴 예루살렘을 되찾자고 호소하자, 레이몽, 고드프루아, 보에몽 등이 성지를 회복하기 위해 십자군 원정을 떠나기로 했습니다. 그런데 은자 피에르가 먼저 기사 레이날도, 고티에 생자부아와 함께 원정을 떠나버렸습니다. 이들을 정식 십자군에 포함되지 않는 군중 십자군이라고 부릅니다.

이들 군중 십자군은 여러 가지로 말썽을 일으켰습니다. 우선 예루살렘을 향한 방향을 몰랐던 그들은 무작정 예루살렘이 있는 동쪽으로 이동했다고 합니다. 그러다가 독일에서 유대인을 학살했고, 베오그라드에서도 약탈을 일삼았지요. 그러나 결국 이 오합지졸 군중 십자군은 셀주크 튀르크 군대를 만나 전멸하고 말았습니다.

왜 십자군은 예루살렘으로 떠났을까?

다알지 기자

시청자 여러분, 안녕하세요. 저는 법정 뉴스의 다알지 기자입니다. 세계사법정에서는 비잔티움 제국의 알렉시우스 1세와 예루살렘 왕국을 세운 고드프루아의 재판이 열렸는데요. 저는 지금 1차 재판이 열리는 현장에 나와 있습니다. 오늘 재판에는 원고인 알렉시우스 1세와 원고 측 증인인 교황 우르바누스 2세가 나와서 십자군 전쟁이 일어나게 된 배경에 대해 증언해 주었는데요. 특히 만지케르트 전투가 왜 일어나게 되었으며, 알렉시우스 1세가 교황에게 십자군을 요청한 이유는 무엇이었는지 자세한 정황을 들을 수 있었습니다. 그럼 이쯤에서 양측의 변호사를 만나 이야기 나눠 보도록 하겠습니다.

김딴지 변호사

오늘은 재판 첫날이라 고소 사건의 진실 공방 보다는 사건이 일어나게 된 배경을 듣는 데 주력 했습니다. 오늘 재판에서 원고는 십자군 전쟁의 발단 이라 할 수 있는 만지케르트 전투가 셀주크 튀르크 군대에서 자치권을 갖고 있던 튀르크멘 부족의 욕심 때문에 일어났다는 것을 밝혔습니다. 그리고 역사책을 보시면 아시겠지만 교황이 십자군을 일으킨 것은 종교 문제뿐 아니라 세속적인 문제에서도 최고의 권리를 주장하려는 욕심 때문이었습니다. 이는 거의 모든 역사가들이 동의하는 내용이에요. 다음 재판 때 십자군의 성격에 대해 더욱 분명하게 밝히겠습니다.

왜 십자군은 예루살렘으로 떠났을까?

이대로 변호사

오늘 재판에서는 두드러진 활약을 하지 못
했습니다. 여러 가지 상황으로 보아 의심 가는
부분은 있지만, 비잔티움 제국의 입장에 대해 오늘날
남아 있는 사료가 많지 않아 실제적인 증거를 찾기에 한계가 있었기
때문입니다. 그래서 원고 알렉시우스 1세에게 날카로운 질문을 던지
지 못했습니다. 그렇지만 학자들에게 자문을 구하고 있으니 다음 재판
때는 보다 좋은 활약을 보여 드릴 수 있을 것입니다. 다음 재판 때 또
찾아뵙도록 하겠습니다.

십자군은 왜 황제와의 약속을 어겼을까?

1. 보두앵은 왜 에데사 백작령을 세웠을까?
2. 보에몽은 왜 안티오키아에 남았을까?
3. 고드프루아는 왜 예루살렘 왕국을 만들었을까?

교과연계

세계사
IV. 지역 경제의 성장과 교류의 확대
  3. 중세 유럽 세계의 성장과 쇠퇴
    (1) 십자군 전쟁과 유럽 세계의 변화

보두앵은 왜
에데사 백작령을 세웠을까?

판사　　오늘 재판할 내용은 '1차 십자군이 왜 예루살렘 왕국을 만들었을까?' 하는 것입니다. 오늘은 이대로 변호사가 먼저 시작해 볼까요?

이대로 변호사　　존경하는 재판장님, 그리고 배심원 여러분, 먼저 십자군의 진행 상황에 대해 말씀드리겠습니다.

판사　　네. 천천히 얘기해 보세요.

이대로 변호사　　1차 십자군의 주요 군대는 교황의 요청대로 1096년 8월 중순에 출발했습니다. 여러 군대가 각자 콘스탄티노플로 가서 비잔티움 제국의 군대와 합류한 후 동쪽으로 행군한다는 것이 그들의 계획이었습니다. 십자군의 주요 인물은 위그, 보에몽, 레이몽, 로베르, 보두앵과 피고였습니다. 그런데 십자군이 콘스탄티노플에 도착하자 원고는 위그를 황궁으로 초대해 화려한 비잔티움 식 손님맞이를 하면서 그의 기를 죽였습니다. 그리고 자신이 비잔티움 제국의 군사를 직접 이끌고 십자군과 함께 출정할 생각이라는 뜻도 전달했지요. 또한 황제는 외국의 병력을 보스포루스 해협 건너편으로 수송해 주는 대신 비잔티움 제국의 영토였던 땅을 십자군이 점령하면 자신에게 즉시 반환할 것을 서약해 달라고 요청했습니다. 또한 십자군이 자신의 영토 내에 머무는 한 자신에게 충성을 맹세하라고 했습니다.

판사   그럼, 위그는 서약과 맹세를 했습니까?

이대로 변호사   처음에는 답변을 회피했지만 군대로 돌아가는 것이 허락되지 않자 어쩔 수 없이 황제의 요구대로 서약했습니다. 그리고 그 뒤 피고도 똑같이 초대를 받았지요. 하지만 피고는 위그를 통해 황제의 의도를 알고 있었던 터라 초대를 거절했습니다.

판사   황제가 가만히 두지 않았을텐데요?

이대로 변호사   맞습니다. 피고가 초대를 거절하자 황제는 그가 서약하지 않으면 그의 군대를 보스포루스 해협 건너편으로 수송해 주지 않겠다는 전갈을 보냈습니다. 그러자 이에 화가 난 고드프루아가 콘스탄티노플을 공격하라고 명령했습니다. 그러나 성벽이 튼튼하고 방어가 잘 되어 있는 도시를 무너뜨리기에는 그 위력이 너무 약했습니다. 그래서 결국 피고도 황제와 서약을 할 수밖에 없었지요. 이러한 사례들로 보아 황제는 십자군 지도자들을 봉신으로 만들려는 의

보스포루스 해협
아시아와 유럽을 나누는 터키의 해협입니다.

전갈
사람을 시켜서 전하는 말이나 안부를 뜻합니다.

봉신
중세 봉건 사회에서 왕으로부터 봉토를 받은 신하를 가리킵니다.

도를 처음부터 가지고 있었다고 할 수 있습니다.

판사 이대로 변호사, 지금 발언은 재판 첫째 날에 알렉시우스 1세가 십자군을 봉건 제후로 삼아 방패막이로 이용하려는 의도가 없었다는 주장에 대한 반대 주장으로 생각됩니다. 맞습니까?

이대로 변호사 네. 제 발언은 원래 그런 의도를 가지고 있었습니다.

이때 김딴지 변호사가 자리에서 일어서더니 불편한 심기를 드러

왜 십자군은 예루살렘으로 떠났을까?

내며 크게 소리쳤다.

김딴지 변호사　존경하는 재판장님, 이대로 변호사는 그 당시의 상황 중 자신에게 유리한 내용만을 골라 설명하고 있습니다. 제가 보두앵을 증인으로 불러 피고 측의 주장에 대해 반박해도 되겠습니까?

판사　네, 받아들입니다. 증인 보두앵은 앞으로 나와서 증인 선서해 주십시오.

보두앵　나, 보두앵은 양심에 따라 숨김과 보탬이 없이 진실만을 말할 것을 맹세합니다.

　　보두앵이 증인 선서를 하고 증인석에 앉자, 김딴지 변호사가 증인 앞으로 가서 가볍게 목례를 한 후 입을 열었다.

김딴지 변호사　증인, 자기소개 부탁드립니다.

보두앵　나는 샤를마뉴 대제의 후손인 불로뉴의 백작 외스타스의 삼 형제 중 막내입니다. 교회에서 출세해 볼까도 생각했지만 구속적인 생활이 마음에 들지 않아 그만두었습니다.

김딴지 변호사　증인은 냉담하고 오만한 성격에 야망까지 있는 사람이라고 소문이 났더군요. 그런 사람이니 십자군 원정을 통해 무엇인가를 얻고 싶었던 게 아닙니까? 그렇기 때문에 돌아오지 않을 작정으로 아내와 아이들도 십자군 원정에 데리고 간 것 아닙니까?

보두앵　네, 뭐, 그렇습니다.

김딴지 변호사　그럼 다음 질문으로 넘어가도록 하겠습니다. 증인은 독일의 라이닝겐 백작 에미코가 유대인을 학살한 사실을 알고 있습니까?

보두앵　네, 알고 있습니다.

김딴지 변호사　그는 어떤 사람입니까?

보두앵　그는 은자 피에르가 독일을 통과했을 때 소규모의 십자군을 조직했던 사람으로 유대인의 재산에 눈이 어두워 십자군 운동의 본래 목적을 잊어버린 사람입니다. 그는 일부러 라인 강을 따라 내려가며 그 주변 도시에 거주하는 유대인을 학살하고 그들의 재산을 빼앗았습니다. 그런데 나에게 왜 이런 질문을 하시지요?

김딴지 변호사　증인은 에미코 백작처럼 십자군 운동의 본래 목적을 잊어버린 사람이기 때문입니다.

보두앵　하하하. 그럴 리가요.

　증인 보두앵은 김딴지 변호사의 주장이 어이가 없다는 듯 손을 저으며 웃어 댔다. 그러자 김딴지 변호사가 증인을 똑바로 응시하며 말을 이어 갔다.

김딴지 변호사　그럼, 본격적인 질문으로 넘어가겠습니다. 1097년 십자군이 보스포루스 해협을 건너 튀르크 술탄국의 수도인 소아시아의 니케아를 공격했었지요?

보두앵 네, 그렇습니다. 우리 십자군은 술탄이 없는 틈을 타 니케아를 공격해 결정적인 승리를 거두었습니다. 그러자 튀르크족은 십자군에 항복하는 조건을 놓고 원고 알렉시우스 1세와 협상을 했습니다. 그런데 바로 그게 문제였습니다.

김딴지 변호사 무슨 문제 말입니까?

보두앵 이 협상에서 알렉시우스 1세는 니케아 주민의 생명과 재산을 보장하고 십자군을 도시 안으로 들이지 않겠다고 약속했습니다. 그리곤 우리 십자군이 잠든 밤을 틈타 비잔티움 제국의 군함을 항구로 들였지요. 다음 날 아침, 잠에서 깬 십자군은 성벽 위에 휘날리던 비잔티움 제국의 깃발을 멍하니 쳐다보았습니다. 영토를 황제에게 돌려주겠다는 약속은 했지만 이 같은 일을 당하니 배신감이 느껴졌습니다.

김딴지 변호사 그 후 십자군은 어떻게 되었습니까?

보두앵 우리 십자군은 혹독한 더위와 부족한 물과 식량 때문에 고생을 했지만 소아시아를 가로질러 시리아를 지나 마침내 1097년 10월 21일 안티오키아 앞에 다다랐습니다. 이 당시 우리의 모습은 우스꽝스러웠습니다. 짐을 나를 짐승이 대부분 죽어 버린 탓에 숫양과 암염소, 돼지, 개 등이 우리의 짐을 날랐지요. 무장한 기사가 소를 타기도 했습니다.

김딴지 변호사 정말 힘든 여정이었겠네요. 그 당시 증인은 근방에 위치한 크리스트교 국가인 아르메니아에 원조를 요청했지요?

보두앵 　　네, 그렇습니다. 아르메니아의 수도는 에데사인데, 그곳의 군주인 토로스는 공식적으로는 튀르크의 봉신이었으나 실질적으로는 독자적인 권한을 가지고 있었습니다. 그러나 외부의 도움 없이는 그런 상황이 오래 지속되지 않을 것이라고 판단한 토로스가 나를 자신의 후계자로 지명하겠다고 제안했지요. 그래서 나는 이를 받아들이고 에데사에 입성했습니다. 그런데 얼마 지나지 않아 쿠데타가 일어나 토로스가 살해당하고 내가 에데사의 지배자가 되었습니다.

보두앵이 에데사에 들어가는 장면

김딴지 변호사 　　아, 그래요? 존경하는 재판장님, 그리고 배심원 여러분, 이 말을 잘 들어 주십시오. 증인은 에데사에 입성한 후 얼마 지나지 않아 쿠데타가 일어나 자신이 에데사의 지배자가 되었다고 말하고 있습니다. 정상적인 상황이라면 과연 그런 일이 일어날 수 있었겠습니까? 증인은 군주 토로스에게 도움을 주기보다는 권력을 차지하기 위해서 쿠데타를 일으킨 것입니다. 그렇지 않습니까?

김딴지 변호사의 뛰어난 변론을 듣고 있던 방청석에서는 감탄사가 흘러나왔다.

"좋은 지적이야!"

"저 변호사 대단한데."

분위기가 김딴지 변호사 쪽으로 기울자 이를 지켜보던 보두앵이 화난 얼굴로 김딴지 변호사에게 따지듯이 말했다.

보두앵　김 변호사님, 무슨 당치도 않는 말씀을 하십니까? 토로스는 다른 지방 출신으로 주민들에게 미움을 받고 있었습니다. 반면에 나는 에데사에 머무르는 동안 에데사를 괴롭히던 사모사타 시를 공격하여 주민들의 인기를 한몸에 받고 있었습니다. 아마 이 때문에 나에게 충성을 하려는 사람들이 쿠데타를 일으켰을 거예요.

김딴지 변호사　역사가들은 증인이 이 일에 깊이 관련되었는지는 밝힐 수 없지만, 적어도 그 계획을 모르고 있었던 것 같지는 않다고 말하고 있습니다. 또한 증인은 1098년 3월에 스스로 에데사 백작이라 칭하고 오리엔트 최초의 라틴 국가를 세우지 않았습니까? 이 점에 대해서는 어떻게 생각하십니까?

김딴지 변호사의 추궁에 보두앵은 빈정거리는 말투로 답했다.

보두앵　그것은 역사가들의 생각일 뿐입니다. 나는 쿠데타와는 전혀 관련이 없어요. 그리고 최초의 라틴 국가를 세운 것은 맞지만 이것과 쿠데타가 무슨 상관이 있다는 말입니까?

김딴지 변호사　그럼, 왜 에데사를 비잔티움 제국에 돌려주는 대신 라틴 국가를 세우기로 한 것입니까? 우르바누스 2세 교황께서도 십자군이 처음 출발한 1096년 당시 정복한 땅은 비잔티움 제국에 반환될 것이라고 생각하셨다는데.

보두앵　　아르메니아는 비록 비잔티움 제국의 땅이었지만 독립된 크리스트교 국가였습니다. 그러므로 나는 단지 아르메니아의 독립을 존중했을 뿐입니다.

김딴지 변호사　　그것은 단지 변명에 불과합니다!

김딴지 변호사의 말에 보두앵이 난처한 표정을 짓자 이대로 변호사가 자리에서 일어났다.

이대로 변호사　재판장님, 이의 있습니다. 원고 측 변호사는 증인을 신문하는 것이 아니라 윽박지르고 있습니다.

판사　이의를 받아들입니다. 김딴지 변호사는 증인에게 윽박지르는 듯한 말을 삼가세요.

김딴지 변호사　잘 알겠습니다. 재판장님, 다음으로 노르만의 영주 보에몽을 증인으로 신청하고 싶습니다.

보에몽은 왜
안티오키아에 남았을까?

판사　허락합니다. 증인 보에몽은 자리로 나와서 증인 선서 해 주십시오.

보에몽　선서, 나 노르만의 영주 보에몽은 진실만을 말할 것을 맹세합니다.

판사　네, 그럼 간단하게 자기소개를 해 주십시오.

보에몽　나는 노르만인의 지도자 **로베르 기스카르**의 아들입니다. 1081년 아버지의 군대를 지휘해 아드리아 해 연안에 있는 디라키움을 점령했으나 비잔티움과 베네치아의 연합군에 의해 영토 대부분을 빼앗겼습니다. 그 후 이탈리아 남부 바리에 가까스로 발판을 마련했지만 이렇다 할 성과는 내지 못했습니다. 그래서 십자군 원정에 참가하게 되었습니다.

재판 둘째 날 | 십자군은 왜 황제와의 약속을 어겼을까?　　● 81

로베르 기스카르
11세기 후반에 이탈리아의 남부
를 정복했고, 이후 시칠리아 왕
국의 기틀을 세운 노르망디 출신
의 기사입니다. 비잔티움 제국과
싸워 바리를 점령하고 아드리아
해까지 장악하기도 했지요.

망루
적의 움직임을 살피기 위해 높
이 지은 다락집을 말합니다.

판사   네, 감사합니다. 그럼 김딴지 변호사, 증인 신문을 시작하십시오.

김딴지 변호사가 증인 앞으로 가서 가볍게 목례를 한 후 신문을 시작했다.

김딴지 변호사   증인은 1085년 비잔티움 제국과의 전쟁으로 황제와는 앙숙 관계였을 텐데 어떻게 1097년에 십자군을 이끌고 콘스탄티노플을 통과할 수 있었습니까?

보에몽   그것은 내가 증인 보두앵이나 피고처럼 황제와 서약을 맺었기 때문입니다.

김딴지 변호사   그럼, 소아시아에서의 전쟁 내용은 생략하고 증인이 안티오키아를 함락시킨 것에 대해 말씀해 주시겠습니까?

보에몽   안티오키아는 로마 제국의 거대한 도시 가운데 하나이자 총대주교구가 있는 도시입니다. 이 거대한 요새는 10km가 넘는 긴 성벽을 따라 450개의 **망루**가 세워져 있고 도시 위로 성채가 400m 이상 불쑥 치솟아 있지요. 따라서 4만 명에 달하는 십자군으로도 이 도시를 완전히 포위하기란 쉬운 일이 아니었지요. 1차 십자군의 지도자 중 한 명인 레이몽은 나에게 이곳을 기습적으로 공격하자고 주장했습니다. 그러나 나는 이에 반대했습니다.

김딴지 변호사   아니, 왜요?

보에몽   당시 레이몽의 군사는 내 군사보다 많았어요. 이런 상황에서 만약 레이몽이 제안한 공격이 성공한다면 그가 나를 제치고 안티오키아의 통치권을 갖게 될 것이 뻔하지 않겠어요?

김딴지 변호사   그럼, 안티오키아를 기습 공격 하는 것 말고 다른 좋은 방법이라도 있었습니까?

보에몽   물론 있었지요. 하지만 나는 모두에게 내 계획을 숨긴 채 공성 작전을 펼치자는 귀족들의 의견을 받아들였습니다.

김딴지 변호사   공성 작전이란 무엇입니까?

보에몽   공성 작전이란 전쟁에서 성을 공격하는 전술을 말합니다. 이 공성 작전에서 성공하려면 4만 명의 군사를 오랜 기간 동안 먹일 수 있는 막대한 양의 식량이 필요했지요. 하지만 우리에겐 그만한 식량이 없었습니다. 그러니 시간이 흐를수록 십자군은 굶주림과 질병에 지쳐 가게 되었습니다. 자신이 타고 있던 말을 죽여 식량을 얻는 기사들, 튀르크족 사상자들의 인육을 먹는 병사들도 있었지요. 게다가 동쪽에서 날아온 소식은 십자군의 상황을 더욱 악화시켰습니다.

김딴지 변호사   무슨 소식입니까?

보에몽   그것은 1098년에 이집트의 파티마 왕조가 팔레스티나의 튀르크족을 공격해서 예루살렘과 그 주변을 함락했다는 것과 모술의 통치자인 카르부가가 안티오키아를 구하기 위해 우리 쪽으로 진격해 온다는 것이었습니다. 십자군은 이 소식을 듣고 다들 동요했습니다. 그래서 나는 십자군 지휘관들을 소집하여 만약 내 군대가 안티오키아를 단독으로 점령한다면 안티오키아를 내가 차지할 테니

이에 동의해 달라고 했습니다. 그러자 레이몽이 정복한 땅을 황제에게 되돌려주기로 서약했으므로 동의할 수 없다고 반대했습니다. 하지만 레이몽도 결국에는 내가 안티오키아를 함락시킬 수만 있다면 황제가 반환을 직접 요구할 때까지 그것을 소유해도 좋다는 데에 동의했습니다. 드디어 내 좋은 계책을 밝힐 때가 온 것이지요.

김딴지 변호사   그 좋은 계책이란 도대체 무엇이었습니까?

보에몽   내 계책은 도시 수비대 대장을 돈으로 매수하여 성벽 안으로 들어가는 것이었습니다. 참으로 절묘한 작전이지 않습니까? 나와 내 부하들은 1098년 6월 3일 성벽을 기어올라 성문을 열었습니다. 그리고 사람들이 잠들어 있는 사이에 십자군이 밀려들어 와 도시를 단 몇 시간 만에 함락시켰습니다.

보에몽이 그때의 상황을 머릿속으로 떠올리면서 표정을 일그러뜨렸다. 그러더니 조금 후 다시 말을 이어 갔다.

보에몽   우리가 안티오키아를 점령한 후 이틀이 지나자 카르부가의 튀르크군이 나타나 성 밖에 진을 쳤습니다. 이 당시 알렉시우스 1세는 자신의 군대를 이끌고 안티오키아로 진군하고 있었지요. 우리는 황제가 한시바삐 달려와 우리를 도와주길 바랐지요. 그러나 황제는 오지 않았습니다.

김딴지 변호사   황제의 군대가 왜 오지 않았나요?

보에몽   블루아의 에티엔이 거느린 십자군이 원정을 중단하고 돌

아가던 길에 황제를 만나 질 것이 뻔하니 더 이상 진군하지 말라고 말했다더군요. 이 말을 들은 황제는 우리가 패할 것이라고 확신하고 콘스탄티노플로 돌아가 버렸습니다. 정말 신의 없는 겁쟁이 아닙니까? 그러니 우리의 목숨을 걸고 점령한 안티오키아를 황제에게 반환할 의무가 없는 것이지요. 그 당시 정복한 영토를 황제에게 반환하겠다고 서약한 귀족들도 그런 배신자에게는 아무것도 주지 않겠다며 서약을 모두 철회했습니다.

김딴지 변호사   그럼, 황제의 도움 없이 어떻게 카르부가의 군대를 물리쳤습니까?

보에몽   당시 카르부가의 군대는 수적으로 우세했습니다. 하지만 튀르크군 내의 아미르들이 서로 시기하며 내부 분열을 일으켰습니다. 이때 우리는 성문을 열고 나가 대열을 갖추었지요. 서유럽에서 대군이 진격하는 중이라는 보고가 과장되었는지는 모르지만 카르부가는 눈앞에 정렬한 군대의 규모를 보고 경악했지요. 그는 재빨리 사절을 보내 휴전을 청했지만 우리는 진격했습니다. 그러자 카르부가를 원망하고 있던 많은 아미르들이 전투에서 손을 떼고 퇴각했으며, 이런 퇴각에 당황한 튀르크군은 사방으로 흩어졌지요. 이렇게 해서 우리는 안티오키아 일대를 손안에 넣을 수 있었습니다.

김딴지 변호사   증인은 안티오키아를 점령한 후 더 이상 예루살렘을 되찾을 생각이 없었지요?

보에몽   그렇습니다. 나는 내 소유의 땅이 필요해서 십자군에 참가했지, 예루살렘을 정복하기 위해 참가한 것이 아니었으니까요. 그

러니 내가 안티오키아를 떠날 이유가 없었지요.

김딴지 변호사   존경하는 재판장님, 그리고 배심원 여러분, 증인 보에몽은 이처럼 자신의 야망을 위해 십자군에 참여했습니다. 그러니 처음부터 땅을 돌려줄 마음이 없었던 것입니다. 재판장님, 증인에 대한 신문은 이것으로 끝내겠습니다.

판사   이대로 변호사님, 증인 신문 하시겠습니까?

이대로 변호사   네, 재판장님.

판사   그럼, 증인 신문 하시기 바랍니다.

이대로 변호사   증인은 알렉시우스 1세 황제가 십자군을 돕지 않고 콘스탄티노플로 되돌아갔기 때문에 안티오키아를 되찾은 후에도 돌려주지 않았다고 증언했습니다. 혹시 또 다른 이유가 있었습니까?

보에몽   네, 있었습니다. 우리 십자군은 황제에게 안티오키아에 수비대를 주둔시킬 것과 십자군을 예루살렘까지 인도해 달라고 요청했습니다. 하지만 황제는 이 요청도 거절했습니다. 그러니 우리를 도와주지 않는 황제에게 충성을 할 필요가 없었지요.

보에몽의 증언에 김딴지 변호사와 알렉시우스 1세의 얼굴은 사색이 되어 버렸다.

이대로 변호사   그러면 증인은 개인적인 야망 때문이 아니라 황제가 십자군을 도와주지 않았기 때문에 돌려주지 않았다는 것입니까?

보에몽　험험.

　　보에몽은 애매한 표정을 지으면서 말끝을 흐렸다.

이대로 변호사　그렇게 뜸만 들이지 말고 제 말에 '예, 아니오'로 답해 주십시오.

김딴지 변호사　이의 있습니다. 여러 가지 정황으로 볼 때 증인은 분명히 안티오키아를 차지하려는 야망이 있었습니다. 그런데 피고 측 변호사는 그렇지 않은 양 증인을 감싸고 있습니다. 이는 분명 법정을 우롱하는 것입니다.

판사　기각합니다. 단지 사실을 명확하게 진술해 달라는 요청인 것 같습니다. 증인, 답변하세요.

보에몽　예, 맞습니다.

이대로 변호사　존경하는 재판장님. 제 증인 신문은 여기서 마치도록 하겠습니다.

3

고드프루아는 왜 예루살렘 왕국을 만들었을까?

판사   김딴지 변호사, 다음 증인 신문이 있습니까?

김딴지 변호사   네, 재판장님. 피고 고드프루아를 직접 신문하고 싶습니다.

판사   그럼, 피고 고드프루아는 앞으로 나와 증인 선서 해 주십시오.

고드프루아   선서, 나 고드프루아는 양심에 따라 숨김과 보탬이 없이 진실만을 말할 것을 맹세합니다.

　　증인 선서를 마친 고드프루아가 증인석에 앉았다.

판사   피고, 자기소개 해 주세요.

고드프루아   나는 1087년 **하인리히** 4세로부터 남부 로렌 공작령을 하사받았습니다. 나는 당시 십자군에 참가하기 위해 가지고 있던 많은 영지를 팔고, 진행 중이던 분쟁들을 손해를 보더라도 빨리 수습하는 방향으로 해결했습니다. 하지만 십자군 원정이 끝난 후 돌아오려고 생각했기에 남부 로렌 공작령 등 귀환 후 세력 재건의 기반이 될 여러 권리와 재산을 포기하지는 않았지요. 나는 1차 십자군 원정에 4만 명의 군사를 거느리고 참여했으며, 예루살렘을 공격하여 되찾는 데에 큰 공을 세웠습니다.

하인리히 4세
독일의 3대 국왕이자 신성 로마 제국의 황제입니다. 그는 교황 그레고리오 7세와 서임권 분쟁을 놓고 대립을 벌였으며, 로마에서 교황을 몰아내기도 했지요.

"고드프루아는 순수한 마음으로 십자군에 참가했군. 멋진 인물인데!"

"프랑스 불로뉴 쉬르 메르 시립 도서관에 있는 『해외 제국의 역사』에 실린 13세기 세밀화를 보았는데, 정말 멋진 말을 타고 행군하더군."

방청석에서 수군거리는 소리가 나자 재판정이 약간 떠들썩해졌다. 그러자 판사가 헛기침을 몇 번 하더니 계속 말을 이었다.

판사   자기소개 잘 들었습니다. 그럼, 김딴지 변호사. 신문을 시작하세요.

김딴지 변호사   피고, 십자군이 안티오키아에서 예루살렘으로 진군할 때 총지휘관은 레이몽이 맡았다고 알고 있습니다. 하지만 피고는 레이몽의 명령을 받을 생각이 없었지요?

고드프루아　　사실상 총지휘관이라는 지위는 명목이라고 보아야 합니다. 레이몽은 자신의 군대 수만 믿고 전체 의견을 늘 무시했습니다. 우리 십자군이 목숨을 걸고 되찾은 땅도 황제에게 돌려주어야 한다고 공공연히 주장했지요. 하지만 우리의 생각은 달랐습니다. 어려움에 처한 십자군을 도와주지 않은 황제와의 서약은 지킬 필요가 없다고 생각했거든요. 그렇기 때문에 우리 십자군과 의견을 달리했던 레이몽을 총지휘관으로 인정할 수 없었던 것입니다.

김딴지 변호사　　그렇습니까? 그럼, 예루살렘을 되찾는 것은 얼마나 어려웠습니까? 감이 잘 안 오네요.

고드프루아　　우리 십자군은 여러모로 고생을 많이 했습니다. 예루살렘은 최고의 군대라 하더라도 쉽게 넘볼 수 없는 곳입니다. 그런데 당시는 여러 가지로 상황이 좋지 않았습니다. 도시가 워낙 거대하기 때문에 예루살렘을 포위하는 것조차도 불가능했었지요. 게다가 이집트의 파티마 왕조가 군대를 소집하고 있는 시점에서 도시 수비대가 밖으로 나올 때까지 기다릴 시간도 없었습니다. 그래서 우리는 의논 끝에 전면적인 기습 공격을 감행했습니다만 성공하지 못했지요. 십자군에게는 예루살렘의 높은 성벽에 큰 타격을 가할 수 있는 장비가 부족했습니다. 그런데 때마침 신의 은총으로 제노아와 잉글랜드의 배 여섯 척이 건설 물자를 싣고 입항함으로써 투석기, 사다리, 바퀴 달린 목탑을 만들 수가 있었지요. ▶그 결과 1099년 7월 13~14일 밤에 예루살렘을 공격할 수 있었고, 7월 15일 제가 바퀴 달린 목탑을

교과서에는

▶ 1차 십자군 원정 때에 십자군은 예루살렘을 잠시 되찾을 수 있었습니다. 그러나 이슬람 세력의 반격으로 이후 다시 빼앗기고 맙니다.

성벽에 대고 그 지역 수비대를 물리치는 데 성공하여 예루살렘을 함락시킬 수 있었습니다.

김딴지 변호사　　예루살렘을 함락시키는 것이 정말 어려웠군요.

　말을 마친 김딴지 변호사가 갑자기 배심원을 향해 돌아섰고, 그 순간 재판정의 모든 눈도 김딴지 변호사의 움직임을 따라갔다.

김딴지 변호사　　▶전해지는 이야기에 따르면 십자군이 예루살렘을 정복한 이후 이슬람교도들과 유대교도들은 참살당하거나 불태워졌다고 합니다. 오죽했으면 2주 동안 십자군에 의한 약탈과 살육이 이어져서 예루살렘 거리에 발목까지 피가 차올랐다고 하겠습니까?

　배심원들은 김딴지 변호사의 말에 너무나 놀라 어느 누구도 입을 열지 못했다. 그러한 배심원의 반응을 살핀 김딴지 변호사는 의기양양한 표정을 지었다.

고드프루아　　아닙니다. 그 이야기는 과장된 것입니다. 당시 혼란함 속에서 이슬람교도와 유대인이 다수 죽임을 당한 것은 사실입니다. 하지만 몸값을 치르고 자유를 산 사람도 있었고, 혹은 성 밖으로 추방당한 사람들도 많았습니다.

김딴지 변호사　　법정에서는 거짓 증언을 하면 안 된다는 것쯤은 잘 알고 계시겠죠? 변명하지 마시고 솔직히 대답

다윗의 탑

예루살렘 옛 시가지의 자파 문 옆에 있는 요새와 망루를 말합니다. 기원전 2세기 무렵 유대인이 만들었으며, 예루살렘을 다스렸던 여러 세력들이 이곳을 군사적인 요새로 사용했다고 합니다.

해 주세요.

고드프루아   거짓이 아닙니다.

김딴지 변호사   됐습니다. 다음 질문으로 넘어 가지요. 그럼 피고는 예루살렘을 되찾은 후 왜 원고에게 돌려주지 않았습니까? 황제가 십자군을 배반했기 때문입니까?

고드프루아   네, 그렇습니다.

김딴지 변호사   그렇다면 되찾은 예루살렘은 누가 다스렸습니까? 당시 많은 사람들은 교황이 로마와 교황령을 다스렸듯이 예루살렘 총대주교나 교황의 특사가 다스릴 것이라고 생각했다고 합니다. 실제로는 어땠습니까?

고드프루아   교황의 특사가 1098년 여름 안티오키아에서 전염병으로 목숨을 잃었고, 망명 중이던 동방 정교회의 예루살렘 총대주교 역시 예루살렘이 함락되기 며칠 전에 세상을 떠난 상태였습니다. 그러니 교황의 특사나 예루살렘의 총대주교가 예루살렘을 다스릴 수 있는 상황이 아니었습니다.

김딴지 변호사   그럼 총대주교를 다시 뽑으면 되지 않습니까?

고드프루아   그 당시 십자군 내의 성직자들이 새 총대주교를 뽑자고 주장했습니다. 그러나 귀족들은 아무런 합의를 보지 못했고, 결국 나중으로 미루어지고 말았지요. 이에 지휘관들은 회의를 열어 십자군의 총지휘관인 레이몽에게 왕관을 바치기로 결정했습니다. 그의 군대가 이미 예루살렘의 요새, 다윗의 탑을 장악하고 있었거든요. 하지만 그는 그리스도만이 예루살렘의 주인이므로 자기가 왕이

될 수는 없다며 짐짓 거절하는 척했습니다. 그는 자신의 물질적, 전략적 위치를 고려할 때 어차피 자신에게 왕관이 돌아올 수밖에 없다고 생각했겠지만, 그가 거절하자 지휘관들은 나에게 왕위를 넘겼습니다. 나도 처음에는 왕위를 거절했습니다. 하지만 더 이상 거절할 수 없어 이교도들로부터 예루살렘을 지키기로 약속하고 왕위를 받아들였습니다.

김딴지 변호사   여러 가지 상황으로 보아 레이몽에게 왕위를 넘기는 것이 당연하다고 생각되는데, 피고가 왕위를 받아들인 것은 처음부터 왕이 되어야겠다는 생각을 가졌기 때문이 아닙니까?

이때 갑자기 고드프루아가 자리를 박차고 일어나 큰 소리로 따지듯이 말했다.

고드프루아   무슨 당치도 않은 말입니까? 내가 무슨 도둑이라도 된다는 말입니까?

김딴지 변호사가 고드프루아의 큰 소리에 놀라 당황한 표정을 지었다.

이대로 변호사   재판장님, 이의 있습니다. 지금 김딴지 변호사는 피고를 인격적으로 모독하고 있습니다.

판사   김딴지 변호사는 신성한 법정에서 예의를 갖춰 신문하시기

바랍니다.

김딴지 변호사   알겠습니다. 제 신문은 여기까지입니다.

이대로 변호사   재판장님, 이번에는 제가 피고를 신문해도 되겠습니까?

판사   좋습니다.

이대로 변호사   피고, 화가 많이 난 것 같습니다. 진정하시고 제 질문에 답변해 주시기 바랍니다.

고드프루아   아, 이거 죄송합니다. 인격 모독을 당했다고 생각하니 갑자기 흥분했습니다.

이대로 변호사   그럼, 황제가 요구한 사죄와 관련하여 한 가지만 더 질문하겠습니다. 국가에는 흥망성쇠가 있고…… 그렇기 때문에 예루살렘의 주인이 바뀌는 것 또한 당연하다고 생각됩니다. 그래서 드리는 질문인데, 피고는 알렉시우스 1세에게 예루살렘을 돌려주지 않은 것에 대해 사죄하실 의향이 있으십니까?

고드프루아   먼저, 한 말씀 드리고 답변을 하도록 하겠습니다. 나는 왕이 아닙니다. 나는 '성묘의 수호자'라는 칭호를 가지고 있을 뿐입니다. 예루살렘의 초대 왕은 나의 동생인 보두앵입니다. 그는 내가 죽은 이후 내 동지들에 의해 왕으로 선출되었지요. 이제 질문에 답변하겠습니다. 나는 황제에게 사죄할 의향이 없습니다. 시대는 변하고 땅의 주인도 바뀝니다. 내가 예루살렘의 수호자가 된 것은 시대 변화에 따른 당연한 일이었습니다. 오늘날 이스라엘 사람들에게 예루살렘을 비잔티움 황제에게 바치라고 하면 가능하겠습니까? 예루

살렘은 원래 비잔티움 제국의 땅이 아니라 이스라엘 사람들의 땅이
지 않습니까? 내가 황제에게 사죄를 해야 한다면 황제는 이스라엘
사람들에게 사죄를 해야 할 것입니다. 그러니 현재 상태를 그대로
유지하는 것이 바람직하다고 생각합니다.

이대로 변호사　　답변 감사합니다.

　　고드프루아의 답변을 듣고 있던 김딴지 변호사가 다급해진 마음
에 급히 일어섰다.

김딴지 변호사　　이의 있습니다. 피고는 자신의 주관적인 생각을 말
하고 있습니다.

판사　　기각합니다. 피고는 자신의 생각을 말할 수 있습니다. 피고
의 말이 주관적인지 혹은 객관적인지는 배심원이 판단할 것입니다.

　　지금까지 두 변호사의 변론과 증인들의 말을 들어 보니 본 사건
의 윤곽이 잡히기 시작하는군요. 오늘 재판에서는 1차 십자군이 왜
에데사 백작령과 안티오키아 공국을 세우고, 예루살렘 왕국을 만들
었는지에 대해 살펴봤습니다. 이제 시간이 다 되었으니 오늘 재판은
이것으로 마치겠습니다.

　　땅, 땅, 땅!

중세 서양의 성

중세 서양의 성은 봉건 영주들이 살던 공간입니다. 당시에는 전쟁이 빈번했기 때문에 견고한 성을 짓고 그 안에서 살았습니다. 따라서 중세 서양의 성은 적의 공격을 막기 위한 요새라고 할 수 있습니다.

성벽은 두꺼운 돌로 만들어졌으며, 1층과 2층에는 창문이 없었습니다. 3층에 작은 창들이 조금 있었을 뿐이지요. 성에 창문을 만들지 않은 이유는 창문을 통해 적의 공격을 쉽게 받을 수 있었기 때문입니다. 그러니 창문에는 유리도 없었지요. 성의 창문에는 유리 대신에 견고하게 만들어진 나무 덧문이 있었는데요. 이것으로 성 안의 채광과 통풍을 하기란 어려웠습니다. 따라서 겨울에 성 안은 무척이나 어둡고 추웠답니다.

성곽을 둘러싼 깊은 연못을 해자(垓子)라고 부르는데요. 이 역시 적의 침입을 막기 위해 만든 것입니다.

다알지 기자

　　시청자 여러분, 안녕하세요. 오늘도 어김없이 저는 세계사법정 앞에 나와 있습니다. 알렉시우스 1세와 고드프루아의 재판이 열리는 이곳은 재판을 보러 온 사람들로 가득 차 발 디딜 틈조차 없는데요. 지난 재판과 달리 양측의 주장은 첨예하게 대립했습니다. 원고 측에서는 피고 고드프루아를 비롯한 보두앵과 보에몽이 개인적인 욕심 때문에 옛 비잔티움 제국의 땅을 되찾은 후 돌려주지 않았다고 주장했으며, 이에 대해 피고 측에서는 원고 알렉시우스 1세가 땅을 되찾으면 돌려주겠다는 서약에 사인할 것을 강제했으며, 십자군이 전쟁에서 어려움에 처해 있을 때 도와주기는커녕 그 공을 빼앗아 가려고 했기 때문에 돌려주지 않았다고 주장했습니다. 그럼 양측 변호사를 만나 보도록 하겠습니다.

이대로 변호사

　솔직히 말씀드리면, 오늘 김딴지 변호사가
변론을 잘했습니다. 증인들을 논리적으로 잘 다
루더군요. 그래도 오늘 재판은 제가 유리하게 이끈
것 같습니다. 증인 보에몽에게 "안티오키아를 황제에게 돌려주지 않은
이유가 황제의 배반 때문입니까?" 하고 물었을 때 보에몽이 황제가 십
자군을 예루살렘으로 인도해달라는 요청을 거절했다는 중요한 정보
를 알려 주지 않았습니까? 이때 기자님도 사색이 되어 버린 김딴지 변
호사의 얼굴을 보셨는지 모르겠어요. 하하. 저는 반드시 이번 재판에
서 이길 자신이 있습니다. 지켜봐 주십시오.

김딴지 변호사

오늘 재판은 약간 밀리는 감이 있었습니
다. 이대로 변호사가 우리 측 증인들에게서 유
리한 증언을 얻어 갈 때에는 약간 긴장도 되었습
니다. 하지만 저는 걱정하지 않습니다. 약속을 어기고 땅을 돌려주지
않은 것은 분명 그들의 잘못이니까요. 지키지 못할 약속은 애초부터
하는 게 아닙니다. 자신들의 욕심을 채우려고 십자군에 나선 거면 그
렇다고 인정하면 될 것을, 왜 법정에까지 나와서 변명을 하는지 모르
겠습니다. 다음 재판에서는 반드시 이겨 우리의 위상을 되찾도록 하겠
습니다. 지켜봐 주세요.

왜 십자군은 예루살렘으로 떠났을까?

그림으로 십자군 전쟁 읽기

오랜 기간 치열하게 계속되었던 십자군 전쟁은 이미 끝난 싸움이지요. 하지만 지금도 여러 작품 속에서는 십자군 전쟁이 생생하게 담겨져 있답니다.

하틴 전투 후 살라딘과 기 드 뤼지냥

1187년 7월 예루살렘 왕국의 크리스트교 십자군과 이슬람 군대 사이에 벌어진 하틴 전투에서 승리를 거둔 것은 이슬람 군이었어요. 이 전투의 패배로 십자군은 예루살렘을 이슬람에게 내주게 되지요. 이슬람 군을 이끈 인물은 술탄 살라딘으로 그림 속의 중앙에 앉아 있는 사람이에요. 당시 예루살렘 왕국의 왕은 기드 뤼지냥으로 그림 속에 같이 그려져 있답니다. 이 그림은 하틴 전투에서 살라딘이 예루살렘의 군주인 기 드 뤼지냥을 포로로 잡은 모습을 상상하여 그린 그림으로 작자는 알려져 있지 않지요.

십자군의 콘스탄티노플 함락(1204년 4월 14일)

이 작품은 1204년 4월 비잔티움 제국의 수도 콘스탄티노플을 함락시킨 십자군 원정대가 말을 타고 콘스탄티노플로 입성하는 장면을 묘사하고 있어요. 당시 십자군은 프랑스 기사들을 주축으로 하고 베네치아 군대가 합류한 제4차 십자군 원정대였답니다. 그림은 프랑스의 화가 외젠 들라크루아가 그린 역사 기록화이지요. 깃대를 들고 말에 앉은 군인들과 바닥에서 고통을 호소하는 사람들의 모습이 대조적으로 그려져 있어요.

예루살렘과의 일곱 번째 십자군 전쟁

이탈리아 화가인 프란체스코 하예즈가 그린 그림이에요. 십자군 원정은 모두 여덟 번에 걸쳐서 있었는데, 그림은 제7차 십자군 원정을 다루고 있어요. 1244년에 예루살렘이 이슬람군의 공격을 받아 함락되자 1248년 프랑스의 왕이 군사들을 이끌고 원정을 하게 됩니다. 하지만 이슬람군의 완강한 저항에 부딪혀 십자군은 크게 패하고 프랑스 왕은 포로로 잡히고 말지요.

2, 3차 십자군은 왜 결성되었을까?

1. 2차 십자군은 왜 결성되었을까?
2. 3차 십자군은 왜 결성되었을까?

2차 십자군은
왜 결성되었을까?

판사 자, 이제 마지막 재판을 시작하겠습니다. 원고 측에서 새로운 증인 명단과 중요한 증거를 제출한다고 통지했는데 궁금하군요. 그럼 원고 측 변호사 시작해 보시지요.

김딴지 변호사 존경하는 재판장님, 배심원 여러분, 오늘 저는 이 사건에 결정적인 역할을 할 중요한 증거를 제출하고자 합니다.

김딴지 변호사가 책 한 권을 판사에게 제출했다.

판사 제목이 『루이 7세의 동부 여정』이군요. 이런 책도 있었습니까? 원고 측 변호사, 이 책이 도대체 무엇입니까?

김딴지 변호사 이 책은 오도라는 작가가 쓴 책으로 루이 7세가 2차 십자군의 일원으로 콘스탄티노플을 거쳐 소아시아 해안을 따라 진군하여 안티오키아를 거쳐 예루살렘으로 가는 여정과 예루살렘 왕국에 도착한 후 다마스쿠스를 공략한 일 등을 기록하고 있습니다. 판사님, 이 책을 몇 권 더 가져왔는데, 이것을 배심원들에게 배포해도 되겠습니까?

판사   좋습니다.

백년 전쟁
1337년부터 1453년까지 영국과 프랑스 사이에 벌어진 전쟁입니다. 이 전쟁이 일어나게 된 명분은 프랑스의 왕위 계승 문제였지만, 실제로는 영토 문제였다고 합니다.

책을 건네받은 판사와 배심원은 천천히 책장을 넘겨 가며 중요한 부분을 살폈다.

김딴지 변호사   존경하는 재판장님, 이 책의 주인공인 루이 7세를 증인으로 채택하여 자세한 이야기를 듣고 싶습니다.

판사   받아들입니다. 그럼 증인 루이 7세는 앞으로 나오셔서 증인 선서 해 주십시오.

루이 7세   선서, 나 프랑스 국왕 루이 7세는 양심에 따라 숨김과 보탬이 없이 진실만을 말할 것을 맹세합니다.

판사   증인, 자기소개 부탁드립니다.

루이 7세   나는 루이 6세의 장자로 태어나 17살에 왕위에 올랐습니다. 1147년 2차 십자군 원정에 참가했으나, 1148년 다마스쿠스에 도달하지 못한 채 실패하고 돌아왔지요. 왕비 엘레오노르와 이혼하여 추후 **백년 전쟁**의 원인을 제공하기도 했습니다. 내 입으로 말하긴 민망하군요. 여기까지 하겠습니다.

김딴지 변호사 자기소개 감사드립니다. 증인은 어떻게 십자군에 참가하게 되었습니까?

루이 7세 이슬람의 가장 강력한 지도자로 등장한 **이마드 앗딘 장기**가 1144년 에데사를 함락하자 이에 대항하기 위해 2차 십자군이 결성되었습니다. 나는 1145년에 십자군 결성을 촉구하던 교황의 연설을 듣고 이 2차 십자군에 참가하게 되었지요.

김딴지 변호사 증인은 오도라는 작가가 쓴 『루이 7세의 동부 여정』이라는 책을 알고 계시지요?

루이 7세 네, 알고 있습니다.

김딴지 변호사 이 책을 읽어 보니 시칠리아의 노르만계 국왕 **루지에로 2세**가 증인에게 프랑스 병력을 팔레스티나로 수송해 주겠다고 제안한 기록이 나오는데, 이는 루지에로 2세가 자국의 함대를 이용하여 프랑스 병력을 팔레스티나로 수송해 주면서 도중에 비잔티움 제국의 남은 영토를 점령하려는 목적으로 계획한 것으로 알고 있습니다. 그리고 프랑스 궁정에 강력한 비잔티움 반대 세력이 있어서 국왕께 노르만의 제안을 수락할 것을 종용했다고 하는데 사실입니까?

루이 7세 네, 사실입니다. 하지만 나는 육로로 비잔티움 제국을 통과하고 싶어 루지에로 2세의 제안을 거절했습니다.

김딴지 변호사 하지만 증인이 1147년 콘스탄티노플에 도착했을 때 아직도 신하들 중에는 시칠리아의 루지에로 2세와 연합하여 육

왜 십자군은 예루살렘으로 떠났을까?

상과 해상 양쪽에서 콘스탄티노플을 공격할 것을 권하는 자들이 있었다고 하는데 사실이지요?

루이 7세 　네, 사실입니다. 하지만 나는 이것도 거절했습니다. 크리스트교를 믿는 비잔티움 제국과는 싸우고 싶지 않았기 때문입니다.

김딴지 변호사 　시칠리아의 노르만계 국왕 루지에로 2세와 증인의 신하들 가운데 크리스트교 국가인 비잔티움 제국을 공격하자는 견해가 우세했다는 것은 이들이 십자군 전쟁의 정신보다는 영토와 전리품에 더 관심이 많았다는 것인데, 증인은 이들이 지옥에 갈 수 있다는 생각을 해 본 적이 없습니까?

루이 7세 　그렇게는 생각해 본 적이 없습니다.

김딴지 변호사 　크리스트교 신자들끼리 피를 봐도 된다는 말씀이시군요. 알겠습니다. 그렇다면 증인은 2차 십자군 도중 프랑스로 편지를 보내어 증인의 군대가 겪고 있는 문제들이 대부분 비잔티움 제국의 탓이라고 말씀하신 적이 있으시지요? 증인이 그런 생각을 하니 고드프루아가 예루살렘을 돌려주지 않아도 된다는 말을 하게 되는 것입니다.

루이 7세 　비잔티움 제국이 내 원정을 적극적으로 도와주지 않았기 때문에 그렇게 말한 것뿐입니다. 왜 나와 피고를 연결 짓는지 이해할 수 없군요.

　재판이 불리한 방향으로 진행되자 이대로 변호사가 갑자기 자리에서 일어났다.

이대로 변호사   재판장님, 이의 있습니다. 김딴지 변호사는 증인의 말을 왜곡하여 자신의 생각대로 해석할 뿐 아니라 증인이 마치 큰 죄인이나 되는 양 몰아세우고 있습니다.

판사   받아들입니다. 김딴지 변호사, 증인의 말을 왜곡하는 듯한 발언을 삼가해 주시기 바랍니다.

김딴지 변호사   네, 알겠습니다. 제 질문은 여기까지입니다.

판사   이대로 변호사님, 더 신문하겠습니까?

이대로 변호사   네.

판사   그럼, 신문하시기 바랍니다.

이대로 변호사   감사합니다. 조금 전 증인은 비잔티움 제국이 증인의 십자군 원정을 적극적으로 도와주지 않았다고 말했는데, 그것은 구체적으로 어떤 의미입니까?

루이 7세   내 군대가 소아시아 해안을 따라 남쪽으로 이동하고 있을 때 비잔티움 제국의 각 도시들이 적극적으로 물자를 공급해 주지 않았습니다. 또한 당시 비잔티움 제국의 황제가 우리를 적처럼 여겨 자신의 군대에게 시민을 보호하라는 명을 내렸고, 이 때문에 빈번히 그들과 충돌해야 했어요. 아마도 이는 십자군을 약화시키려는 사악한 의도였던 것 같습니다.

이대로 변호사   아, 그러니 증인이 비잔티움 제국에 불만을 느낄 수밖에 없었군요. 그럼, 여기서 한 가지만 더 질문하겠습니다. 증인은 고드프루아가 예루살렘을 돌려주지 않은 것에 대해 어떻게 생각하십니까?

루이 7세   정당한 행위라고 생각합니다. 피고가 그렇게 한 데에는 비잔티움 제국의 잘못이 크니까요.

이대로 변호사　증인, 솔직한 증언 감사드립니다. 재판장님, 증인 루이 7세에 대한 제 신문은 이것으로 마치도록 하고 예루살렘을 십자군으로부터 빼앗은 살라딘을 증인으로 세워 그가 왜 예루살렘을 십자군으로부터 빼앗았는지에 대해 듣고 싶습니다. 허락해 주시기 바랍니다.

판사　허락합니다.

왜 십자군은 예루살렘으로 떠났을까?

2

3차 십자군은
왜 결성되었을까?

판사　그럼, 증인 살라딘은 앞으로 나오셔서 증인 선서 해 주십시오.

살라딘　선서, 나 살라딘은 양심에 따라 숨김과 보탬이 없이 진실만을 말할 것을 맹세합니다.

판사　먼저, 자기소개를 해 주시기 바랍니다.

살라딘　안녕하세요. 나는 살라딘입니다. 서양에서는 살라딘이라는 이름으로 유명하지만 본명은 유수프이지요. 12세기경 티크리트 (현재 이라크 북부) 출신의 쿠르드족 무슬림 장군이자 전사였으며 이집트, 시리아의 술탄이었습니다. ▶3차 십자군에 맞서서 이슬람을 이끌기도 했지요. 나는 전성기에 이집트, 시리아, 예멘, 이라크, 메카, 헤자즈 등지를 아우르는 아이유브 왕조를 세웠습니다.

판사　자기소개 잘 들었습니다. 이대로 변호사님, 신문하시기 바

누르 앗딘
서양에서는 누레딘이라고 줄여
서 부른다고 합니다.

룸 술탄국
1077년부터 1307년까지 아나
톨리아를 다스렸던 이슬람 왕조
입니다. 룸 셀주크 왕조라고도 불
리며, 여기서 룸이라는 말은 아랍
어로 로마를 뜻한다고 합니다. 이
는 아나톨리아 지역이 오랫동안
비잔티움 제국의 지배를 받았기
때문이라고 합니다.

와지르
이슬람 왕조에서 최고위 관직을
일컫는 칭호입니다.

교과서에는

▶ 파티마 왕조는 아이유브
왕조와 맘루크 왕조로 계승
되었습니다. 이 두 왕조는
십자군을 물리치고 이슬람
문화를 보호했습니다.

랍니다.

이대로 변호사는 판사의 말이 끝나자 살라딘 앞으로 다
가가 신문을 시작했다.

이대로 변호사　　증인은 어떻게 십자군과 만나게 되었습
니까?

살라딘　　2차 십자군 원정을 촉발한 장기 술탄이 사망하
자 장기의 아들인 누르 앗딘이 다마스쿠스를 함락시켰을
뿐 아니라 안티오키아 공국의 영토 대부분을 빼앗고 안티
오키아의 공작 레이몽을 사로잡아 처형했습니다. 그리고
아나톨리아의 룸 술탄국의 동쪽 진출을 막았지요. 그 후 이집트 파
티마 왕조가 예루살렘 왕국의 공격을 받게 되어 지원을 요청하자 누
르 앗딘은 넉넉한 사례금과 이집트의 땅 3분의 1을 약속받고 나의
삼촌인 시르쿠를 이집트로 파견했지요. 그 당시 십자군의 이집트 침
공은 실패하고 나의 삼촌은 파티마 왕조의 와지르인 샤와르를 살해
하고 스스로 와지르가 되었습니다. 바로 이때 나는 십자군
과 만나게 되었지요. 그 후 두 달이 지난 시점에 내 삼촌이
죽고 1169년 내가 와지르가 되었습니다.

이대로 변호사　　그 당시 그러니까 1169년 예루살렘 왕 아
말릭이 비잔티움 황제 마누엘 콤네누스와 힘을 합쳐 육지
와 해상 양쪽에서 다미에타를 공격한 적이 있지요? 그 당

시 상황이 어떠했습니까?

살라딘   이들은 서로를 믿지 못했습니다. 아말릭과 **구호 기사단**은 황제가 도시를 장악하고 전리품을 독차지할 것이라고 우려했기 때문에 양군의 협력이 부족해 다미에타 공격 계획은 처음부터 실패가 예견되었지요. 우기가 되자 아말릭은 군대를 이끌고 돌아가 버렸습니다. 그리고 비잔티움 제국의 함대 역시 귀국했지요.

이대로 변호사   한마디로 말해 적군과 아군이 따로 없었군요. 그러니 살라딘께서 훗날 예루살렘을 쉽게 함락하셨지요?

살라딘   네, 나에게는 운이 연속되었습니다. 비잔티움과 예루살렘 왕국의 악감정은 그 후 우호적인 관계로 바뀌었다고는 하지만 여전히 앙금이 남아 있었지요. 그리고 1174년 누르 앗딘이 어린 아들만 남겨 놓고 죽었고, 같은 해 아말릭 왕이 알렉산드리아로 침공하기 위해 이집트로 오다가 이질로 죽었지요. 게다가 아말릭 왕도 문둥병을 앓았던 그의 열세 살 된 아들만 남겨 놓고 죽었기 때문에 나에게는 이보다 더 좋은 기회가 없었습니다.

이대로 변호사   그럼, 그렇게 좋은 기회를 어떻게 이용하셨습니까?

살라딘   나는 먼저 누르 앗딘의 적법한 계승자라는 것을 내세워 무력으로 다마스쿠스를 장악하고 나아가 아바스 왕조의 칼리프

구호 기사단
1980년에 성지를 순 하는 신자들을 위해서 예루살렘에 세운 아말피 병원에서 시작된 종교 기사단입니다. 지역에 따라 몰타 기사단, 병원 기사단, 성 요한 기사단 등으로 불립니다.

다마스쿠스에 있는 살라딘의 동상

에게 시리아와 이집트의 대군주 지위를 받음으로써 권력 분쟁을 마감했습니다. 그리고 누르 앗딘의 미망인을 부인으로 맞이하여 내 위치를 더욱 공고히 했습니다.

이대로 변호사   증인의 친구이자 전기 작가인 바하 앗 딘의 기록에 따르면 증인이 만약 신의 가호로 팔레스타인의 나머지를 전부 차지하게 된다면 영토를 분할하고 증인의 뜻을 전하는 유언장을 만든 다음 머나먼 프랑크족의 나라까지 배를 타고 그들을 추격할 생각이라고 말씀하셨는데 사실입니까?

살라딘   네. 나는 이 지상에서 알라신을 믿지 않는 자들을 전부 제거하기로 마음먹었지요. 십자군들은 우리 이슬람의 땅을 무력으로 장악하지 않았습니까? 그러니 나에게도 그들을 몰아낼 명분이 있었어요.

이대로 변호사   그렇습니까? 그럼 그 후 십자군과의 관계는 어떠했습니까?

살라딘   1177년 몽기사르 전투에서 나는 처음으로 십자군에 패배했습니다. 예루살렘의 보두앵 4세와 샤티용의 레날드, 성전 기사단 연합군과 맞닥뜨렸는데 대패하여 병력 대부분을 잃고 본국 이집트로 후퇴했지요. 그러나 1179년 벌어진 십자군과의 전투에서는 승리했습니다. 그리고 1187년 드디어 예루살렘을 함락했지요.

이대로 변호사   그럼, 이로 인해 3차 십자군이 결성된 것이군요?

살라딘   그런 셈이지요.

이대로 변호사   잘 알겠습니다. 그러면 다른 질문을 하나 더 하겠습니다. 증인은 예루살렘을 함락시킨 후 원래의 주인인 비잔티움 황제에게 돌려줄 생각을 한 적이 있으십니까?

살라딘　　아니요. 예루살렘은 비잔티움 제국의 땅이 아니라 원래 이스라엘 사람들의 땅이었고, 또 그보다는 모세를 계승한 <mark>여호수아</mark>가 이스라엘 백성들을 이끌고 정복하기 이전에 그곳에 살았던 원주민의 땅입니다. 그러니 그 땅을 비잔티움 제국에게 돌려주어야 할 이유는 없지요.

이대로 변호사　　네, 알겠습니다. 답변 감사드립니다. 재판장님, 이것으로 신문을 마치겠습니다.

판사　　김딴지 변호사, 신문하겠습니까?

김딴지 변호사　　네, 신문하겠습니다.

판사　　그럼, 신문하시기 바랍니다.

재판장의 허락이 떨어지자 김딴지 변호사는 증인석으로 다가가서 인사를 한 다음 질문을 던졌다.

김딴지 변호사　　안녕하세요, 증인. 조금 전 증인은 예루살렘이 그곳에 살던 원주민의 땅이기 때문에 비잔티움 황제에게 돌려줄 필요가 없다고 했습니다. 맞습니까?

살라딘　　네, 그렇습니다.

김딴지 변호사　　그렇다면 증인 역시 예루살렘을 원주민에게 돌려주어야 되는 것 아닙니까?

김딴지 변호사의 질문에 살라딘이 잠시 생각에 잠겼다가 입을 열었다.

살라딘   아니, 그렇게 생각하지 않습니다. 힘 있는 자가 땅을 지배하는 것이니까 돌려줄 필요가 없지요.

김딴지 변호사   그렇다면 19세기 영국이나 프랑스가 북아프리카의 이슬람 지역을 식민지로 만든 것도 힘의 논리에서 본다면 당연한 것이겠네요?

살라딘   그것은 …… 좀 …….

김딴지 변호사   증인이 대답을 못 하는군요. 존경하는 재판장님, 그리고 배심원 여러분, 공정한 판단을 기대하며 제 신문은 여기서 마치도록 하겠습니다.

판사   자, 양측에서 이야기를 충분히 한 것 같습니다. 오늘 재판은 2, 3차 십자군이 왜 결성되었는가를 중심으로 살펴봤습니다. 오늘은 시간이 다 되었으므로 재판을 이만 정리하는 것이 좋겠습니다. 그럼 잠시 후에 원고와 피고의 최후 변론을 듣도록 하겠습니다.

교황권, 십자군 전쟁으로
추락하다!

십자군 전쟁은 이슬람 세력으로부터 예루살렘을 되찾고, 크리스트교를 보호하기 위해서 일어난 전쟁입니다. 중세에 크리스트교는 유럽 세계를 지탱해 주는 정신적인 지주였고, 이 때문에 교황의 호소를 들은 왕, 제후, 기사들이 자발적으로 이 전쟁에 참여했던 것이지요. 그러나 이 기나긴 전쟁에서 패배하게 되자 교황에 대한 사람들의 불만은 커져갔고, 점차 절대적인 권력을 소유했던 교황의 권위가 땅에 떨어지게 됩니다. 교황의 권위가 약해졌다는 것은 곧 크리스트교로 통합되었던 서양의 중세가 허물어지게 되었다는 것을 의미합니다. 그리고 이로써 서유럽은 더욱 분권화 되어 각 나라의 왕권이 강해지게 됩니다. 즉, 중세 사회가 해체되기 시작한 것이지요.

다알지 기자

　　오늘로 원고 알렉시우스 1세와 고드프루아
의 재판이 모두 끝났습니다. 오늘 재판의 원고
측 증인으로는 프랑스의 국왕이었던 루이 7세가 나
섰으며, 피고 측 증인으로는 아이유브 왕조의 술탄이었던 살라딘이 나
와서 증언해 주었는데요. 양측의 변호사는 피고가 되찾은 땅을 돌려주
지 않은 것을 두고 증인들에게 유리한 증언을 얻어 내기 위해 불꽃 튀
는 공방을 벌였습니다. 그럼 오늘 재판의 양측 증인으로 나섰던 루이
7세와 살라딘을 직접 만나 보도록 하겠습니다.

루이 7세

오늘 재판정의 분위기는 매우 좋았습니다. 변호사들이 증인을 존중하면서도 자신들의 의도대로 답을 얻어 내려고 노력하는 모습에서 옛날 중세 시대 강압적인 분위기의 종교 재판소와는 사뭇 다른 분위기를 느낄 수 있었습니다. 그리고 재판을 열심히 경청하는 방청객들의 모습도 보기 좋았습니다. 하고 싶은 말도 다 할 수 있어서 좋았고요. 솔직히 나는 오늘 원고 측 증인으로 나오고 싶지 않았습니다. 비잔티움 제국은 우리 십자군을 약화시키려고 온갖 음모를 꾸몄으니까요. 그러나 원고 측 증인으로 나서서라도 비잔티움 제국의 잘못을 제대로 알리는 것이 중요하다고 생각해 어려운 결정을 내렸습니다. 말을 다 하고 나니 시원하네요.

살라딘

나도 루이 7세의 답변처럼 재판정의 분위기
가 좋았다고 생각합니다. 방청객들이 진지하게
경청을 하니 답변하는 나도 진지해졌습니다. 내 말
한마디가 중요하다는 느낌을 받았지요. 이런 분위기는 처음이었습니
다. 예루살렘은 비잔티움 제국의 땅이 아닙니다. 엄밀히 말하면 비잔
티움이 아니라 그 땅에 살던 원주민의 땅이라고 할 수 있지요. 그러니
예루살렘을 비잔티움 제국에 돌려달라는 소송은 애초에 말이 되지 않
습니다. 그리고 원래 이런 정복 시기에 힘 있는 자가 땅을 차지하는 것
이 뭐가 잘못된 것입니까! 원고가 뭔가 잘못 생각하고 있는 것 같네요.

십자군은 약속을 어겼습니다!
vs
황제는 십자군을 도와주지 않았습니다!

판사 자, 마지막으로 원고와 피고의 최후 진술을 들어 보도록 하겠습니다. 각자 할 말이 많겠지만 꼭 해야 할 말만 논리적으로 해 주시기 바랍니다. 그럼, 먼저 원고 측, 변론하세요.

알렉시우스 1세 존경하는 재판장님, 그리고 배심원 여러분, 나는 참으로 비통한 심정으로 이 자리에 섰습니다. 지금 지구상에 비잔티움이라는 제국은 없습니다. 셀주크 튀르크의 한 일파인 오스만 튀르크에 의해 비잔티움 제국이 1453년에 멸망했기 때문입니다. 그래서 나는 이 재판을 통해 셀주크 튀르크족과 십자군에게 연이어 빼앗긴 예루살렘을 돌려받기를 원했습니다. 그 이유는 두 가지입니다. 첫째, 예루살렘은 비잔티움의 성지이자 전 세계 크리스트교 신자들의 성지이기 때문입니다. 둘째, 예루살렘을 만약 이들이 돌려주었다면 비잔티움 제국은 1453년에 멸망하지 않고 더 오래 지속되었을 것입니다. 아마 지금까지 지속될 수도 있었을 것이라고 확신합니다.

여기서 내가 더욱 분노를 느끼는 것은 되찾은 땅을 돌려주기로 약속한 십자군들이 땅을 돌려주지 않고 차지해 버렸다는 것입니다. 같은 크리스트교를 믿는 자들이 어떻게 그럴 수가 있습니까? 이는 신 앞에서 행한 부끄러운 행동입니다. 특히 피고 고드프루아는 예루살렘을 되찾은 후 돌려주기는커녕 예루살렘 왕국을 세우고 스스로 왕이 되었습니다. 어찌 이럴 수 있습니까? 그러니 나는 오늘 피고가 마땅히 나에게 사죄해야 한다고 생각합니다. 존경하는 재판장님, 그리고 배심원 여러분, 오늘 재판을 통해 나의 억울함을 조금이라도 풀어 주십시오.

고드프루아   존경하는 재판장님, 그리고 배심원 여러분, 나는 억울하기보다는 통탄한 심정으로 이 자리에 섰습니다. 앞서 증인들이 답변했듯이 원고 알렉시우스 1세는 우리를 속였습니다. 그는 니케아 정복 때 밤중에 우리 몰래 니케아를 빼앗아 가지 않았습니까? 우리는 단지 그런 비열한 황제를 믿지 못한 것뿐입니다. 또한 안티오키아 함락 시에는 군대를 끌고 우리를 도와주러 오다가 우리가 패할 것이라는 탈영병의 소리를 듣고 오던 길로 되돌아갔습니다. 어디 그뿐입니까? 우리가 예루살렘으로 진군해 가려고 할 때 길 안내를 부탁했으나 우리의 부탁을 거절했습니다. 그런데 이제 와서 예루살렘을 돌려달라고 합니다. 이러한 주장은 합리적이지 못합니다. 그리고 앞서 살라딘의 증언처럼 예루살렘은 비잔티움 제국의 땅이 아닙

다. 그러니 이 땅을 비잔티움 제국에 돌려주어야 하는 의무는 없습니다.

존경하는 재판장님, 그리고 배심원 여러분, 바른 평가를 내려 주시기 바랍니다. 감사합니다.

판사　　여기까지 달려오시느라 원고 측도, 피고 측도, 그리고 배심원 여러분들도 모두 수고 많으셨습니다. 배심원의 평결서는 4주 후에 저에게 전달될 예정이며, 이를 참고하여 4주 이후에 판결을 내리도록 하겠습니다. 그때까지 여러분도 이 사건에 대해 다시 한 번 생각해 보시길 바랍니다!

땅, 땅, 땅!

역사공화국 세계사법정 재판 번호 20 알렉시우스 1세 VS 고드프루아

주문

역사공화국 세계사법정은 알렉시우스 1세가 고드프루아를 상대로 제기한 예루살렘 반환 청구를 기각한다.

판결 이유

십자군은 알렉시우스 1세에게 이슬람교도들이 점령하고 있는 땅을 빼앗으면 돌려주겠다고 서약했다. 하지만 에데사, 안티오키아, 예루살렘을 빼앗은 후 황제에게 그 땅을 돌려주지 않았다. 예루살렘 왕국의 지도자인 고드프루아도 비잔티움 제국의 황제에게 예루살렘을 돌려주지 않았다.

비잔티움 제국의 황제인 알렉시우스 1세는 고드프루아가 예루살렘을 돌려줄 것이라고 믿었다. 그러나 피고는 예루살렘을 돌려주겠다는 뜻을 한 번도 나타낸 적이 없다. 재판에 나온 증거와 증언, 변론을 종합해 보았을 때 알렉시우스 1세가 십자군이 어려움에 처했을 때 도와주지 않음으로써 고드프루아를 비롯한 십자군을 배신했기 때문에 예루살렘을 비잔티움 제국에 돌려줄 필요가 없다고 판단된다. 또한 피고가 예루살렘을 돌려주지 않는 것은 자신의 정당한 사유에 근거한 것이므로 알렉시우스 1세의 명예를 훼손했다고 보기 어렵다. 따라서 황제에게 사죄할 필요가 없다는 것이 본 법정의 판단이다.

　전 세계 프로테스탄트, 가톨릭, 이슬람교인이 성지로 여기는 예루살렘이 단순히 거룩한 성지로서 숭배되는 것이 아니라 종교 간의 마찰 원인이 되는 것은 비극적인 일이므로 예루살렘이 누구에게 속하는지를 판결 내리는 것은 상당한 부담임을 고백하지 않을 수 없다. 비록 본 법정은 원고 알렉시우스 1세의 고소를 기각하는 판결을 내렸으나, 비잔티움 제국이 오랜 세월 동안 예루살렘을 성지로 여기고 총대주교구를 세워 위상을 높인 것을 인정해 줘야 함은 이해가 가는 바이다. 고소를 당한 고드프루아가 이스라엘에게 예루살렘을 돌려달라고 하지 않는 것과 같이 원고도 같은 생각을 가져 보길 바란다.

역사공화국 세계사법정 담당 판사 공정한

"성전 십자군의 명예를
회복시켜 주시오"

여기는 김딴지 변호사 사무실.

사무실 한쪽 벽에는 '통곡의 벽' 근처 화랑에서 사 온 그림 한 점이 걸려 있고, 소파 위에는 김딴지 변호사가 살짝 선잠이 든 채 몸을 뒤척이고 있다. 그런데 바로 그때 갑자기 '꽝' 하는 소리와 함께 사무실 문이 벌컥 열렸다. 시끄러운 소리에 잠에서 깬 김딴지 변호사가 약간 짜증나는 표정으로 문 쪽을 바라봤다.

"변호사님, 손님이 오셨는데요."

손님이 왔다고 알리는 나먹보 조수의 뒤로 빨간 십자가가 그려진 십자군 제복을 입고, 한쪽 허리에 큰 칼을 찬 낯선 남자가 들어왔다. 그의 얼굴에는 엄숙하면서도 결연한 의지가 엿보였다.

"안녕하세요. 저는 김딴지 변호사입니다. 성함이……."

"반갑습니다. 나는 성전 십자군의 단장인 자크 드 몰레라고 합니다."

"자크 드 몰레라 하시면, 프랑스 국왕인 필립 4세에 의해 화형에 처해졌던 그 단장님이시지요?"

"네, 맞습니다. 내가 바로 그 단장입니다."

자크 드 몰레는 처음 표정 그대로 흐트러짐 없이 물음에 답했다.

"저도 역사책에서 이 사건을 읽고 분노가 치밀었습니다. 그 당시 필립 4세는 잉글랜드와의 전쟁 때문에 빚을 지고 있었는데, 그 빚을 갚기 위해 아무 죄도 없는 성전 기사단의 재산을 빼앗으려 음모를 꾸몄지요?"

"맞습니다. 역시 김딴지 변호사는 나를 실망시키지 않는군요. 필립 4세는 1307년 10월 13일, 프랑스의 모든 곳을 샅샅이 뒤져 가며 성전 기사단을 모조리 체포했습니다. 그러고는 우리에게 남색 행위, 반(反) 크리스트교적 맹세, 악마 숭배 등 1백여 가지 이상의 죄명을 덮어씌운 뒤, 죄를 자백할 때까지 끔찍한 고문을 가한 후 화형에 처했습니다."

자크 드 몰레는 끔찍한 기억을 떠올리기 힘든 듯 얼굴을 일그러뜨렸고, 이를 지켜보던 김딴지 변호사가 위로하기 위해 입을 열었다.

"참 끔찍한 일이네요. 그 당시 교황도 프랑스 왕의 꼭두각시인 프랑스 출신의 클레멘스 4세였지요?"

"네. 그는 필립 4세의 압력에 굴복하여 1312년 성전 기사단에 해산령을 내렸지요."

"그런데 무슨 일로 저를 찾아오셨나요?"

"십자군과 관련된 지난 재판 잘 지켜봤습니다. 십자군 원정에 대해 잘 알고 계시더군요. 성지 예루살렘을 비잔티움 제국의 황제였던 알렉시우스 1세에게 돌려주어야 한다고 주장하시는 것을 보고 저도 용기를 얻었습니다. 성전 기사단이 해체될 때 성전 기사단의 재산은

왜 십자군은 예루살렘으로 떠났을까?

성 요한 기사단에 넘어갔고, 이후의 활동은 전면적으로 금지되었습니다. 나는 성전 기사단의 재산을 찾는 것과 활동 금지를 풀어 달라는 소송을 걸려고 합니다. 김 변호사님께서 맡아 주십시오."

"성 요한 기사단은 '여기 내 형제 중에 지극히 작은 자 하나에게 한 것이 곧 내게 한 것'이라는 예수님의 말씀을 기억하고 실천하는 단체 아닙니까? 아마도 성전 기사단의 재산은 벌써 성지를 순례하는 가난한 자들을 위해 다 써 버렸겠지요. 그러니 지금 소송을 해도 찾을 수 없을 것입니다."

김딴지 변호사는 찾을 수 없는 재산을 찾게 해 달라는 자크 드 몰레의 요청은 거절하는 것이 좋겠다고 생각했다. 그리고 만약 찾을 수 있다 하더라도 또다시 중세 시대를 공부해야 한다는 생각을 하니 머리부터 아파왔다.

"현재 제가 진행 중인 재판이 너무 많아서 이 소송을 맡을 시간적 여유가 없을 것 같네요. 다른 변호사를 찾아보는 것이 좋을 듯합니다."

그러자 자크 드 몰레의 얼굴에 실망감이 드러났고, 이를 바라보는 김딴지 변호사의 마음도 무거워졌다.

'아, 억울한 사람이 이렇게도 많다니……. 세상은 진정 고통의 바다인가!'

세 종교의 성지, 예루살렘

이스라엘의 정치적 수도는 예루살렘입니다. '평화의 도시'라는 뜻을 가진 예루살렘은 종교적인 문제로 늘 예민한 곳이에요. 유대교, 크리스트교, 이슬람교가 탄생한 도시였으며, 크리스트교, 유대교, 이슬람교의 성지가 이곳에 있기 때문입니다. 크리스트교를 믿은 아브라함이 100세에 낳은 외아들 이삭을 하느님께 제물로 바치려 했던 '모리아 언덕의 바위'는 물론, '통곡의 벽'이라 불리는 유대교의 성지, 마호메트가 밟고 승천한 '성스러운 바위'인 이슬람교의 성지가 모두 이곳에 있지요.

세 종교의 성지가 있는 곳이기 때문에 해마다 전세계에서 많은 관광객이 예루살렘을 찾고 있어요. 오래 전부터 있었던 도시이기에 옛날 모습을 간직한 구시가지(올드 시티)와 신시가지로 나뉘어요. 올드 시티

자파 게이트

는 총 4개역으로 나뉘는데, 각각 크리스트교인 구역, 아르메니안 구역, 무슬림 구역, 유대인 구역이에요. 올드 시티는 성벽에 둘러싸여 있어서 문을 통과하면 들어갈 수 있지요. 자파 게이트 역시 이문 중 하나랍니다. 올드 시티 안에

는 기원전 2세기경에 처음 지어졌다고 전해지는 '다윗의 탑'은 물론 예수가 제자들과 최후의 만찬을 하였다고 알려진 '마가의 다락방'이 있답니다.

예루살렘은 역사와 종교적으로도 매우 중요한 곳이지만 지금도 이스라엘의 정치와 문화의 중심지에요. 때문에 정부 청사와 히브리대학교, 국립박물관과 미술관 등이 있답니다.

찾아가기 이슬라엘의 동쪽

이스라엘 대법원

이스라엘 박물관

『역사공화국 세계사법정 20 왜 십자군은 예루살렘으로 떠났을까?』
와 관련한 논술 문제를 풀어 봅시다.

※ 다음 제시문을 읽고 물음에 답하시오.

(가) "나는 교황 우르바누스 2세입니다. 비잔티움 황제가 나에게 이
     슬람 세력을 막아 달라 요청했고, 나는 이를 그냥 넘어갈 수가
     없었습니다. 예루살렘 성지를 되찾아야 하기 때문이었지요. 전
     쟁에 이기면 나의 권위도 더 강해질 거라 생각하기도 했고요.
     하지만 십자군 원정은 깊은 상처만 남기고 끝나고 말았지요."

(나) "나는 '사자왕'이라 불리는 영국의 왕
     리처드입니다. 크리스트교를 지키기 위
     해 서유럽 국가들은 힘을 모아 십자군
     원정에 나섰습니다. 저는 제3차 십자군
     원정에 나섰는데, 당시 같이 떠난 인물
     이 프랑스의 필리프 2세, 신성 로마 제
     국의 프리드리히 1세였죠. 프리드리히
     1세가 강에서 죽고, 필리프 2세가 중간

사자왕 리처드

에 돌아가 버렸지만 그래도 나는 포기하지 않고 이슬람 군을 이

끄는 살라딘을 맞서서 싸웠답니다."

(다) "나는 십자군 원정에 참여한 기사입니다. 이번 기회에 전쟁에
서 훌륭한 공을 세워 명예를 높이고자 했답니다. 물론 내가 다
스리는 땅을 개척하고자 하는 마음도 있었습니다. 하지만 전쟁
은 생각보다 치열했고 또 오래 지나도 끝나지 않았답니다."

(라) "나는 유럽에서 장사를 하는 상인입니다. 전쟁을 하려면 많은
물자가 필요하지요. 그래서 내 역할도 아주 중요했답니다. 안타
깝게도 내가 돈을 대고 지지하는 곳이 이기지는 못했지만 십자
군 원정으로 동방과의 교류가 활발해지기는 했지요."

1. (가)~(라)는 십자군 원정과 관련된 인물들의 말을 가상으로 꾸며본
   것입니다. (가)~(라)를 읽고 십자군 전쟁으로 가장 많은 것을 얻은 사
   람은 누구인지 그 이유와 함께 쓰세요.

※ 다음 제시문을 읽고 물음에 답하시오.

(가) 예루살렘은 크리스트교의 성지입니다. 따라서 많은 사람들이
예루살렘을 방문하고 있었지요. 그런데 셀주크 튀르크가 예루
살렘을 차지하고는 크리스트교인들의 성지 순례를 방해했어
요. 뿐만 아니라 비잔티움 제국의 영토를 침범했지요. 우리는
우리의 성지를 찾을 권리가 있었습니다. 찾기 위해서 싸워야 한
다면 전쟁이 필요하다는 생각이 당시에는 지배적이었습니다.

(나) 셀주크 튀르크는 11세기부터 14세기까지 중앙아시아와 중동
지역을 통치했던 이슬람왕조입니다. 세력이 커지면서 여러 지
역으로 뻗어나갔고 이 과정에서 비잔티움의 영토를 공격하기
도 하였습니다. 이슬람교를 믿었기 때문에 크리스트교를 이단
이라고 생각했지요.

2. (가)와 (나)는 십자군 전쟁과 관련 있는 크리스트교의 입장과 이슬람
교의 입장입니다. (가)와 (나)를 읽고 전쟁을 막을 수 있는 방법에 대
해 서술해 보세요.

왜 십자군은 예루살렘으로 떠났을까?

해답 1 크리스트교와 이슬람교 사이에서 있었던 십자군 전쟁으로 많은 희생이 따랐지요. 반면 동서양 간의 교류가 활발해지고 상업과 도시가 발달하기도 했답니다. 때문에 전쟁에서는 졌지만 상인들은 돈을 많이 벌게 되면서 큰 이익을 남길 수 있었지요. 따라서 십자군 전쟁으로 가장 많은 것을 얻은 사람들은 (라)의 상인들입니다.

해답 2 200년 가까이에 걸쳐 일어난 십자군 전쟁은 신이 원하는 전쟁은 아니었을 것입니다. 십자군의 이름으로 약탈과 학살이 계속되었을 뿐이니까요. 이렇게 전쟁은 서로에게 힘든 아픈 상처와 비극적인 결과만 가져올 뿐이니 대화를 통해 문제를 해결해야 합니다. 각 종교 또는 나라의 대표가 모여서 대화라는 방법을 찾았어야 합니다.

* 해답은 예시로 제시된 내용입니다.

역사공화국 세계사법정 20

왜 십자군은 예루살렘으로 떠났을까?

© 김차규, 2010

초 판 1쇄 발행일 2010년 12월 27일
개정판 1쇄 발행일 2015년 2월 23일
        5쇄 발행일 2023년 5월 1일

지은이   김차규
그린이   박상철
펴낸이   정은영

펴낸곳   (주)자음과모음
출판등록 2001년 11월 28일 제2001-000259호
주소   10881 경기도 파주시 회동길 325-20
전화   편집부 (02) 324-2347 경영지원부 (02) 325-6047
팩스   편집부 (02) 324-2348 경영지원부 (02) 2648-1311
이메일   jamoteen@jamobook.com

ISBN 978-89-544-2420-2 (44900)